Petra Lütjen (Hrsg.)

WeihnachtsWunderGeschichten

Petra Lütjen (Hrsg.)

WeihnachtsWunder-Geschichten

von

Karin Ackermann – Hanna Ahrens
Ilse Ammann-Gebhardt – Annette Döbrich
Yola Entz – Albrecht Gralle
Hanno Herzler – Mathias Jeschke
Tanja Jeschke – Andreas Malessa
Eckart zur Nieden – Gerrit Pithan
Katrin Schäder – Manfred Siebald
Jürgen Werth – Kai-Uwe Woytschak

BRUNNEN
VERLAG GIESSEN · BASEL

Umschlaggestaltung: Ralf Simon
Satz: DTP Brunnen
Druck und Bindung: Ebner & Spiegel, Ulm
ISBN 3-7655-3750-0

Inhalt

Vorwort

Weihnachten geht es um ein Wunder. Und zu Weihnachten geschehen manchmal wahre Wunder-Geschichten: wunderbare und wundersame.

Wunderbar. Einfach wunderbar ... Ich freue mich, dass die Autorinnen und Autoren die Einladung angenommen haben und ganz bunte, ganz eigene

WeihnachtsWunderGeschichten

für dieses Buch geschrieben haben, und zwar alle zu demselben Anfang:

Wunderbar. Einfach wunderbar ...

Es sind wahre und erdachte Geschichten. Fröhliche und nachdenkliche. Witzige und wehmütige und solche „zum sich Wundern“. So unterschiedlich, wie die Menschen sind und wie Weihnachten sein kann. So facettenreich, wie das Leben ist.

Damit: Ihnen ein wunderbares, gesegnetes Weihnachtsfest!

Petra Lütjen

Manfred Siebald

Weihnachtskonzert

Wunderbar. Einfach wunderbar, in diesem Zug zu sitzen – auch wenn er heute so hoffnungslos überfüllt ist wie an keinem anderen Tag des Jahres. Der Sonntag vor dem Montag, auf den in diesem Jahr der Heilige Abend fällt, ist anscheinend für alle Menschen dieses Landes der Tag, an dem sie heim zur Familie fahren. Auch Barbara, vor Jahren beruflich in Saarbrücken gelandet, zieht es nach Hause – allerdings nicht nur aus familiären Gründen. Sie hat noch ein ganz anderes Ziel, auf das sie auch zusteuern würde, wenn es sich nicht in ihrer Heimatstadt Frankfurt befände.

Es ist das Weihnachtskonzert in der Alten Oper, das dieses Jahr eine Sensation bietet. Marie-Josephine Pascal aus Paris wird einen Tag vor Heiligabend Bachs Goldberg-Variationen spielen. Die große alte Dame des Pianos wird endlich, nach vielen Jahren, wieder konzertieren. Jahr für Jahr hat man es in den Feuilletons gelesen, dass sie alle hoch dotierten Angebote zu öffentlichen Auftritten ablehnte. Aber nach vielen vergeblichen Hoffnungen und Ankündigungen soll es dieses Jahr wohl Wirklichkeit werden. In kürzester Zeit waren vor ein paar Wochen die Karten im örtlichen Vorverkauf und über das Internet vergriffen, und Barbara schätzt sich glücklich, gleich nach Bekanntwerden der Sensation eine ergattert zu haben. Sicher sind die Goldberg-Variationen, entstanden als Auftragskomposition zur Unterhaltung eines schlaflosen Grafen, nicht ein typisch weihnachtliches Programm, und eigentlich sind sie für den riesigen Saal der Alten Oper viel zu intim, aber das ist zweitrangig – wenn nur Madame Pascal sie spielt.

Marie-Josephine Pascal ist ihr ein Begriff, seit ihre Klavierlehrerin ihr damals eine CD mitgab, auf der Schumanns *Album für die Jugend* in einer Aufnahme von Madame Pascal zu hören war. Danach hatte sie von ihrem Taschengeld eine CD nach der anderen erstanden. Alle waren ohne Bild der Künstlerin. Immer hieß es, dass sie eine sehr zurückgezogene Person sei, die nur in Ausnahmefällen öffentlich auftrete. Wenige Menschen waren überhaupt im Besitz von Bildern – und diese stammten alle aus früheren Jahren. Inzwischen musste Madame Pascal steinalt sein.

So alt vielleicht wie die kleine, silberhaarige Dame in dem dunkelgrünen Wollkleid, die schräg gegenüber von ihr im Abteil sitzt. Als vorhin der Zugschaffner kam, um die Fahrkarten zu kontrollieren, fragte er: „Warum sitzen Sie nicht in der ersten Klasse? Sie haben doch einen entsprechenden Fahrschein, und Sie haben sogar eine Platzreservierung." Als sie nichts erwiderte, sondern ihn nur aus ihren dunklen Augen ratlos anschaute, fuhr er fort: „Naja, heute ist wohl alles ein bisschen irregulär. Wie immer an Weihnachten: kein Raum in der Herberge. Wahrscheinlich hat es sich irgendjemand auf Ihrem Sitzplatz bequem gemacht. Aber wenn Sie es wünschen, verschaffe ich Ihnen Ihren reservierten Sitzplatz." Sie schaute ihn weiter an, als verstünde sie nicht alles, was er sagte, und schließlich gab er auf. „Gut, Sie sitzen ja wenigstens im Abteil und müssen nicht herumstehen wie die Leute auf dem Gang."

Barbara hat die einseitige Unterhaltung aus dem Augenwinkel mitverfolgt. In der Sonntagszeitung, die sie sich noch am Bahnhof gekauft hat, liest sie gerade einen Artikel über die Bedeutung des Weihnachtsfestes. In einer Studie wurde festgestellt, dass die überwiegende Mehrheit der Jugendlichen wenig oder keine Ahnung davon hat, worum es sich bei Weihnachten überhaupt handelt. Am meisten amüsiert sie die Aussage eines Zwölfjährigen, dass man Weihnachten wohl zum Gedenken an den Tod des Weihnachtsmannes feiert. Der Artikel selbst macht sich nicht nur über das religiöse Analphabetentum der jungen Generation lustig, sondern bietet auch in einer von Tannenzweigen umrandeten Spalte die Weihnachtsgeschichte aus dem Lukas-Evangelium und dazu noch den Bericht über die Reise der Weisen aus dem Matthäus-Evangelium – anscheinend als eine Art kulturelle Entwicklungshilfe.

Barbara liest die Geschichten gleich zweimal, liest von dem Paar, das auf der Reise in die Heimat keinen Platz in der Herberge findet, liest von den Hirten und ihrem Erschrecken und von dem Kind in der Krippe, dem niemand zutraute, der Sohn des Höchsten zu sein. Und dann noch von den Weisen, die Gold, Weihrauch und Myrrhe brachten. Heute, in der Enge dieses Zugabteils, berührt sie der Text ganz anders als bei früheren Weihnachtsfesten, an denen die Worte und Lieder der Engel durch die Weite des dunklen Doms hallten und irgendwo hinter den Säulen verklangen. Die alte Dame von gegenüber hat währenddessen die Augen geschlossen, scheint zu schlafen, bewegt aber von Zeit zu Zeit die Finger der rechten Hand rhythmisch auf ihrer beigen Handtasche.

Nach der langen Reise ist Barbara froh, als der Zug endlich in den Frankfurter Hauptbahnhof einfährt. Die alte Dame schreckt beim gedämpften Kreischen der Bremsen auf und fasst ihre Handtasche fester. Sie nickt dankend mit dem Kopf, als ihre junge Nachbarin ihr den kleinen Koffer aus der Gepäckablage holt, und dann ist sie im Gewühl des Abteilgangs verschwunden, während Barbara sich um ihre eigene Reisetasche und den Rucksack kümmert. Schade – sie hatte eigentlich weitere Hilfe anbieten wollen, aber andererseits kann sie sich so gleich auf den Weg nach Hause zu ihren Eltern machen. Ein paar Stunden will sie noch mit ihnen reden, Kaffee trinken und Pläne für die Weihnachtsfeiertage schmieden, ehe sie sich auf den Weg zum Konzert macht.

Am Abend dann sitzt sie – vorletzte Reihe, Rang – in der Alten Oper und schaut hinunter auf die dunkle leere Bühne, auf der nur der mächtige Flügel steht. In ihrer linken Jackentasche spürt sie den Flakon mit dem edlen Duft aus der Parfümerie, in der sie arbeitet. Sie hat ihn in demselben Goldpapier verpackt, das sie in diesem Jahr viele Male verwendet haben. Irgendwie hatte sie das dringende Bedürfnis, dieser wunderbaren Pianistin etwas zu schenken, so wie sie es oft in Konzerten beobachtet hatte. Da waren Menschen aus dem Publikum nach vorn zur Bühne gegangen und hatten große Sträuße oder kleine Päckchen auf den Bühnenrand gelegt, manchmal auch nur eine einzige Blume. Vielen hatte man angesehen, dass sie, ohne sich dadurch irgendwelche Privataudienzen zu erkaufen, einfach nur Danke sagen wollten für das wunderbare Geschenk der Musik. Diesmal will sie es genau so halten, will der Meisterin danken für die Kraft, die aus ihrem Spiel in Barbaras Leben geströmt ist. Ob Marie Pascal überhaupt ein solches Parfüm mag? Egal, es ist dasjenige, das Barbara selbst am meisten liebt, und das Beste möchte sie dieser Frau schenken.

In den vordersten Reihen regt sich etwas. Vereinzeltes Klatschen der besser Platzierten deutet an, dass man durch die offene Tür schon etwas gesehen hat. Und dann kommt sie auf die Bühne, unter dem zu einem mächtigen Rauschen anschwellenden Applaus, und geht auf den Flügel zu – eine kleine, fast zerbrechliche Gestalt in einem dunkelgrünen Wollkleid mit einer beigen Handtasche. Zweimal, dreimal, ein Dutzend mal muss Barbara hinschauen: Es ist tatsächlich ihre silberhaarige Abteilnachbarin aus dem überfüllten Zug. Die Handtasche bekommt ihren Platz neben dem

Klavierstuhl, und mit einem leichten Neigen ihres Kopfes wendet sich die Pianistin zuerst ihrem Publikum und dann den Tasten zu.

Die ersten Töne erklingen – nicht tastend oder zögernd, sondern mit Bestimmtheit und einer ruhigen Selbstverständlichkeit – und lassen Barbara denken: „Und ich habe nicht gemerkt, wer da zum Greifen nahe in meinem Abteil gesessen hat ... Wie gut, dass in der ersten Klasse kein Platz mehr war und dass sie deshalb die ganze Zeit in meiner Nähe gesessen hat.“ Die erste Aria ist vorbei, Polonaise, Sinfonia und Canon und alle anderen der dreißig Variationen werden folgen, bis endlich die Wiederholung der Aria einen unendlichen schöpferischen Reichtum noch einmal in der kleinen musikalischen Form von zweiunddreißig Takten zusammenfassen wird.

Während unten auf der Bühne Bachs Komposition für den jungen Johann Gottlieb Theophilus Goldberg tatsächlich Stück für Stück zu einem Berg von goldenen Tönen anwächst, sinkt in Barbara der unglaubliche Stress der letzten Wochen in sich zusammen, der Ärger über unverschämte Kunden, die Scham über ihre eigene Ungeduld. Welten von ungeahnten Möglichkeiten des Lebens öffnen sich in ihr, setzen Hoffnungen frei, wecken Gefühle der Ehrfurcht und gleichzeitig der Zärtlichkeit. Sie spürt es: Sie wird nach dem Konzert, vor der ersten Zugabe, nach vorn gehen und Marie-Josephine Pascal ihr Geschenk und ihre Überraschung und ihre Dankbarkeit überreichen. Vielleicht sogar so etwas wie ihre Liebe.

Ist das der letzte Ton gewesen? Sind die eineinhalb Stunden wirklich schon vorbei? Sie weiß nicht, wie es geschieht, aber auf einmal steht sie vorn am Rand der Bühne. Und während der Applaus hinter ihr seinem Höhepunkt zustrebt, hat sie nur noch Augen für die Meisterin, die sich beim Verbeugen anscheinend zu niemand anderem als zu ihr herunterneigt. Als gäbe es jetzt nichts anderes auf der Welt zu tun, greift Barbara in ihre linke Jackentasche und legt der kleinen Gestalt ihr Herz zu Füßen.

*

Tanja Jeschke

Piefkes Weihnachten

Eine Weihnachtsfarce, auch als Theaterspiel gedacht

Wunderbar. Einfach wunderbar soll das Weihnachtsfest bei Piefkes mal wieder werden. Wie immer natürlich. Wenn man diesen gedeckten Tisch da so betrachtet, dann kann man meinen, es fehlt eigentlich gar nichts mehr. Das feine Geschirr und die kristallenen Gläser funkeln wie die Sterne! Die Servietten haben den besonderen Knick. Und das Essen erst: Der Karpfen liegt wie eine Eins. Die Meerrettichsoße: der reinste Schnee. Tinchen gräbt den Finger ins Dessert: Weincreme! und schleckt ihn ab. Fritzi zündet die Kerzen am Baum an. Herr Piefke sitzt noch vorm Fernseher, aus dem irgendwelche süßen Kehlen schmettern. Frau Piefke kommt rein.

„Ach, Harry, Fernsehen an Heiligabend – muss das sein! Nun mach den Kasten mal aus. Benimm dich doch *einmal* ein bisschen festlich!"

Herr Piefke gehorcht heute mal aufs Wort, steht auf und benimmt sich festlich.

Alle setzen sich und erheben ihr Sektglas, in Tinchens ist allerdings bloß Mineralwasser, aber das sieht man von außen ja nicht.

„Frohe Weihnachten!", rufen sie; es klingt ganz einstimmig.

Dann nimmt Herr Piefke das Buch, das neben dem Karpfen liegt, eine Bibel, und holt tief Luft. Jetzt kommt die alte Weihnachtsstory an die Reihe. Irgendein Magen knurrt laut, muss aber noch warten. Tinchen kichert.

„Ruhe im Salon!“, sagt Herr Piefke. Tinchen kichert noch mehr.

Da klingelt es an der Tür.

„Haben Meiers von oben mal wieder keine Streichhölzer!“ Frau Piefke verdreht die Augen.

Fritzi geht zur Haustür. Man hört, wie er brav „Guten Abend“ sagt und dann – nach einer komischen, sehr stillen Pause – sagt er noch was: „Wollen Sie herein kommen?“

„Ja, gern!“, antwortet da eine Stimme.

Wer ist *das* denn bitte schön?!

Herein kommen Fritzi, mit rotem Kopf, und eine große, weiße Gestalt mit Flügeln. Könnte ein Engel sein, wenn es so was wirklich geben würde.

„Siehe ...“, fängt das Wesen an.

„Was denn, was denn?“, sagt Herr Piefke etwas verwirrt.

Frau Piefke denkt: „Höflichkeit ist die Mutter aller Tugenden oder so was“ und bietet einen Platz an. Dann holt sie noch ein Gedeck.

Der Engel (wenn es einer wäre) setzt sich und schaut in die Runde. Alle starren ihn an. Tinchen weiß nicht, ob sie Angst haben soll oder nicht. Ach, lieber nicht, findet sie, um den Flügel berühren zu können, der neben ihr hinauf ragt.

„Ich verkünnnnnn—!“, sagt der Engel (es könnte immerhin einer sein!).

„Ich bin gerade dabei, die Weihnachtsgeschichte zu lesen“, unterbricht ihn Herr Piefke, räuspert sich und fängt an. „Es begab sich aber zu der Zeit ...“

Der Engel (oh!) ist aber hartnäckig und fährt dazwischen: „...dige euch ...!“

Herr Piefke lässt sich aber auch nicht beirren und liest weiter: „... dass ein Gebot von dem Kaiser Augustus ausging ...“

„... grrrrrrroße Frrrrreude!“, ruft der Engel (!).

„Nun lassen Sie mich erst mal zu Ende lesen, Verehrtester“, sagt Herr Piefke streng wie ein richtiger Hausvater.

Frau Piefke schaut mit extra-großen Augen extra-deutlich auf das Essen. Sie hofft, der Appetit wird dem Engel bei diesem Anblick die Sprache verschlagen. „Wir haben alle großen Hunger, Sie auch?“, sagt sie aufmunternd. Und er nickt ihr auch tatsächlich stumm zu. Da ist Frau Piefke sehr zufrieden mit sich und dem Essen.

Herr Piefke liest weiter. Bis zu der allseits bekannten Stelle mit den Hirten auf dem Felde und so weiter.

Die scheint den Engel vom Hocker zu reißen. Er steht auf, knistert mit den Flügeln und singt:

„Euch ist heute der Heiland geboren!“

„Lass ihn doch, Harry“, sagt Frau Piefke, als sie sieht, wie ärgerlich Herr Piefke über diesen ewigen Unterbrecher ist.

Fritzi und Tinchen grinsen. Der gefällt ihnen!

Aber jetzt geht er aus dem Zimmer, winkt ihnen nochmal über die Schulter zu. Schließt die Haustür, klack.

Und Piefkes Weihnachten geht weiter.

*

Eckart zur Nieden

Mit Grippe an der Krippe

„*Wunderbar. Einfach wunderbar.*" Genießerisch trank der ältere Herr den Glühwein. Die junge Frau nickte und knabberte an einer gebrannten Mandel, und während sie schon die nächste aus der spitzen Tüte klaubte, wanderte ihr Blick über den Weihnachtsbasar mit den kleinen Verkaufsständen und den vielen Menschen.

„Ein Trubel ist das", fuhr der Alte fort. Offenbar wollte er gern ein wenig plaudern. „Kaufen, kaufen, kaufen."

„Der Sinn von Weihnachten scheint nur noch Kaufen und Schenken zu sein", bestätigte die Frau. „Aber was uns zur Weihnacht wirklich Wertvolles geschenkt wird, gerät in Vergessenheit."

„Eine seltene Erkenntnis für einen jungen Menschen."

Sie lachte. „Daran sind Sie nicht ganz unbeteiligt, dass ich die Dinge so sehe."

Sein Gesicht spiegelte Verblüffung wider. „Ich?"

„Ja, Sie, Herr Reinhard."

„Oh – Sie kennen mich? Das ... äh ... ich muss gestehen, ich weiß nicht, wer Sie ..."

„Sabine Preuß, aus der Schwalbengasse. Das heißt, damals haben wir da gewohnt, als ich noch ein Kind war. Sie haben uns immer die Post gebracht."

„Sabine Preuß! Nein! So groß ... wie die Zeit vergeht!"

„Sie haben sich wenig verändert."

„Danke, wenn das ein Kompliment sein soll. Auf dem Weihnachtsbasar trifft man sich wieder! Na, sowas! Darf ich Ihnen einen Glühwein spendieren?"

„Da sage ich nicht nein. Bei der Kälte. Danke, Herr Reinhard!"

Als der Mann ihr das Glas auf die Theke stellte, an der sie beide angelehnt standen, ergriff der Alte wieder das Wort: „Und ich soll beteiligt sein an Ihrer Einstellung zu Weihnachten? Das hätte ich gern näher erklärt!“

„Ich denke an einen bestimmten Tag,“ begann sie zu erzählen.

„Das ist jetzt ... Moment ... sechzehn Jahre her. Ich ging in die erste Klasse. An dem Morgen – es war auch kurz vor Weihnachten – ging ich aber nicht in die Schule, denn ich war krank. Die Eltern waren nicht da. Ich lag in meinem Bett und fühlte mich ganz schrecklich einsam und verlassen. Dann klingelte es. Ich dachte, es sei meine Mutter und sprang so schnell auf, dass mir schwindelig wurde. Aber nur der Herr Reinhard, der Postbote, stand vor der Tür. Immerhin hatte er ein verheißungsvolles Paket in der Hand.“

„Ach! Jetzt erinnere ich mich. Ich wollte dir das Paket nicht geben ... äh ... Ihnen.“

„Was mich zutiefst enttäuschte und verärgerte. Als wenn ich nicht groß genug wäre, ein Paket anzunehmen!“

„Ich fragte, warum Sie nicht in der Schule sind, nicht wahr?“

Sie trank einen Schluck. „An die Worte kann ich mich nicht mehr erinnern. Jedenfalls sagten Sie sinngemäß, ich solle schnell wieder ins Bett gehen und an die Grippe denken. Ich vermute, dieser Begriff war mir damals noch nicht so vertraut. Schon gar nicht wusste ich, wie man das Wort schreibt. Jedenfalls dachte ich, Sie meinten die Krippe, die Weihnachtsfiguren, die meine Mutter am Tag vorher aufgestellt hatte. Und da ich verärgert, traurig und gelangweilt war, nahm ich die Figuren aus Holz mit in mein Bett und baute sie auf dem Kopfkissen auf. Da ließ sich mit den Schäfchen und Kamelen gut spielen. Aber immer mehr gingen meine Gedanken zu dem Kind in der Krippe. Ich fand mich darin wieder. Zwar waren seine Eltern da, Maria und Josef, aber wenn man bedenkt, dass Jesus eigentlich im schönen Himmel wohnte und nun im Stall auf Stroh schlafen musste ... und Herodes wollte ihn töten."

„Jesus ist gerade darum in so arme Verhältnisse gekommen, dass niemand sagen kann, er verstehe uns nicht."

„So ähnlich hatte meine Mutter es mir auch erklärt. Ich weiß nicht mehr, wie meine Gedankengänge damals waren. Und bei denen, an die ich mich zu erinnern meine, kann es gut sein, dass ich im Nachhinein daran herumgebastelt habe. Aber ganz genau weiß ich noch, dass mich auf einmal ein großes Glücksgefühl erfüllte. Jesus, der Sohn Gottes, hat mich so lieb, dass er für mich auf die Erde kam. Und er war mir nun ganz nah! Nicht nur der Jesus aus Holz, sondern er selbst. Was machte es da aus, dass kein Mensch in der Nähe war! Alle Enttäuschung und aller Ärger war verflogen."

„Und das alles, weil Sie es missverstanden haben, als ich von der Grippe sprach? Deshalb meinen Sie, ich wäre beteiligt ...?"

„Als ich meiner Mutter später davon erzählte, lachte sie laut. Und sie erklärte mir, dem ABC-Schützen, den Unterschied zwischen Grippe und Krippe. Aber ich fand es toll, dass ich das verwechselt hatte. Sonst hätte ich nicht die Nähe von Jesus so deutlich erlebt."

Sie kippte den Rest des Glühweins runter und wusste nicht, ob dieser oder eher die Erinnerung sie von innen wärmte.

„Das Erlebnis war der Anstoß, dass ich die Einladung in den Kindergottsdienst und später in den Mädchenkreis gern annahm. Da hat sich manches geklärt und gefestigt. Aber der Anfang war ..."

„Meine undeutliche Aussprache."

„Ja, und der Frust, dass Sie mir noch nicht mal das Paket

geben wollten. Keiner kümmerte sich um mich, keiner traute mir was zu. Ich hätte es damals nicht so formulieren können, aber heute verstehe ich, was da in mir vorging, und was bei Kindern nicht anders ist, als bei Erwachsenen: die Erfahrung, Jesus ist bei uns, auch wenn Menschen uns im Stich lassen."

„Sagen wir's besser anders herum: Die Erfahrung ist bei Erwachsenen nicht anders als bei Kindern."

„Sie meinen, weil Jesus gesagt hat, wir sollen werden wie die Kinder?"

„Ja. Haben Sie denn später verstanden, warum ich das Paket wieder mitgenommen und am nächsten Tag Ihrer Mutter abgegeben habe?"

„Nein ... äh ...Gab's dafür denn einen anderen Grund?"

„Allerdings. Ihre Mutter hatte für Sie zu Weihnachten eine Puppe bei einem Versandhaus bestellt. Wenn man das Paket drehte, rief es daraus ‚Mama'."

„Ach – und wenn ich das gehört hätte ... Sie wollten mir nicht die Weihnachtsüberraschung verderben!"

„Genau!"

„Danke, Herr Reinhard! Der Dank kommt etwas spät, zugegeben. Darf ich Ihnen wenigstens ein paar gebrannte Mandeln in die Hand schütten?"

„Nein, danke. Das ist nichts für meine Zähne."

*

Gerrit Pithan

West-östliche Fremde

„*Wunderbar. Einfach wunderbar,* es schneit“, rief das Kind.

Der Himmel strahlte in einem hellen Blau, und die Kälte ruhte still auf den Dingen. Beide Flügel flatterten noch ein-, zweimal sacht, um dann ruhig zu werden. Der weiße Flaum auf der Unterseite bewegte sich schwach in der Brise, sodass er besonders verletzlich wirkte. Auf einmal flogen die Federn hoch, schimmerten im winterlichen Licht und taumelten verträumt zu Boden, wo schon etliche von ihnen lagen. Der Mann hielt den warmen Leib zwischen die Knie gepresst, während seine Rechte in fast mechanischer Art und Weise die Federn ausrupfte. Dass die Hand die Federn jedes Mal so hoch in die Luft warf, zeigte allerdings, dass er die Schönheit des Zusammenspiels von blauem Himmel und weißen Federn erkannt hatte.

Ähnlich wie die Federn in ihrem Schneegestöber taumelte auch sein Blick langsam von der Höhe des Himmels herab in den grauen Hinterhof, in dem er neben den Kellereingängen auf einer niedrigen Mauer saß. Das Kind stand vor ihm, folgte mit den Augen den tanzenden Federn und lachte. Dann rannte es über den Hof und verschwand im Treppenhaus. Er starrte auf die Fenster, die fast alle das Innenleben der Wohnungen mit verwaschenen Gardinen verhüllten. Ein Fenster war geöffnet, sodass Musik aus einem Radio zu hören war; allerdings klang die Musik in der kalten Luft so tot, als hätte der winterliche Atem ihr das Leben genommen. Er war sich nicht sicher, aber er meinte, dass das Kind mit seinen Eltern im dritten Stock lebte.

Langsam war der Blick des Mannes herabgesunken und

nahm nun das Huhn wieder wahr, während seine Hand mit dem Rupfen fortfuhr. Die Federn ließen sich gut lösen, aber das war kein Wunder, da er das Tier schmerzlos mit einem Nadelstich in das Gehirn getötet hatte. Eine dicke Frau in einem bunten Kittel schlurfte über den Hof und leerte ihren Müll in einem der Container. Er lächelte, nickte ihr zu und wünschte einen „guten Tag", auch wenn er sich nicht danach fühlte. Mürrisch grüßte die Frau zurück, bevor sie wieder verschwand. Man musste freundlich sein, um hier geduldet zu werden, das war Lew Iosif Grundmann bald nach seiner Ankunft in Deutschland klar geworden. Sowie man einen Akzent hatte, gingen die Menschen auf Distanz oder brüllten einen an, als ob man schwerhörig wäre. Deshalb das Lächeln, deshalb die Höflichkeit, auch wenn sie nicht von Herzen kam.

Der Mann öffnete die Knie, um das Huhn umzudrehen.

Du bist ein mageres Huhn, ein altes Huhn, dachte er, aber du passt zu uns. Wir sind auch nur zweite Wahl. Für eine gute Suppe wirst du trotzdem genügen.

Als er an die Suppe dachte, stand ihm sofort das Bild der kleinen Zweizimmerwohnung mit ihren schäbigen Möbeln vor Augen: das Doppelbett mit der durchgelegenen Matratze, in dem jetzt seine Frau von der Entbindung geschwächt schlief, die Küche mit dem Kohleofen, den schwitzenden Scheiben des Fensters und der Wiege des Säuglings. Er kniff die Augen zu in dem Versuch, die Bilder in seinem Kopf auszulöschen, und rupfte verbissen weiter. Jetzt sah er die Dorfstraße seiner alten Heimat mit den tiefen Radfurchen im Lehm vor sich. Er dachte an das verrottete Wellblech, die abblätternde Farbe, die mürben Ziegel der Häuser, an die Betrunkenen, die oft schon tagsüber herumtorkelten, und an die Hunde, die durch die wenigen Straßen streunten. Wie oft hatte er dort Hühner gerupft! Er lächelte skeptisch. Und doch war er ein Fremder gewesen, so wie er es jetzt auch war. Jeder Morgen wurde ihm verleidet, wenn er im Spiegel sein rundes, slawisches Gesicht mit den leicht abstehenden Ohren sah. Struppiges Haar in der Farbe nassen Strohs hing über seinen immer erstaunten Augen, denen es nicht gelang, etwas von männlicher Härte und Entschlossenheit anzunehmen. Damals hatte man ihm das Fremde weder angesehen noch angehört, dafür hatte man ihm aber seine Herkunft vorgeworfen. Und nun? Nun war er in der Heimat, er lächelte gequält, denn das Wort hatte jede Bedeutung für ihn verloren, und er war trotzdem ein Fremder, vielleicht sogar spürbarer als früher.

Sein Blick ruhte auf dem Kopf des Huhnes, der schlapp hin- und herbaumelte, immer wieder angestoßen durch die Bewegung des Rupfens. Einige letzte Handgriffe noch, dann war die Arbeit getan. Das Huhn lag nackt in der blassen Sonne, die nur wenig vom Boden des Hofes erreichte, während der Mann mit langsamen Bewegungen die Federn zusammenkehrte, um sie zum Müll zu bringen. Er schüttelte leicht den Kopf; früher hätte er das nicht getan, man hätte die Federn für ein Kissen verwandt, aber so etwas tat man in diesem Land nicht mehr. Alles ist ein einziger Müllcontainer, der ganze Häuserblock, dachte er, als er das Huhn packte und den Hof verließ.

Um vom Hof zum Treppenhaus zu gelangen, musste er den aufgerissenen Schlund der Hofeinfahrt passieren. Hin- und hergeworfen von den Mauern und dem Kopfsteinpflaster wurde der Lärm der Fußgängerzone zerrissen und undefinierbar. Alles klang unverständlich.

Der Mann blieb bei der Tür, die zur Treppe führte, stehen und blickte aus dem Dunkel zu der hellen Öffnung, an der die Menschen mit starren Blicken vorbeihasteten. Instinktiv zog er sich einen Schritt weiter in das schützende Dunkel zurück, um dann mit leerem und zugleich befremdeten Gesicht das Treppenhaus zu betreten.

Vier grau-schwarz gesprenkelte Granitstufen führten zu einem Podest, von dem aus sich die Holztreppe nach oben schraubte. Bedächtig folgten seine Füße der ausgetretenen Spur, die Generationen hier hinterlassen hatten. Wer seine Schritte gehört hätte, wäre der Meinung gewesen, dass sich ein alter Mann empor mühte, aber das Alter versuchte nur seinen Kopf, nicht seinen Körper. Vor ein paar Monaten hatte er zwei Stufen zugleich genommen, um mit gerötetem Gesicht und glänzenden Augen sein Heim zu erreichen. Wie schnell sich alles ändert, dachte er und unterzog sich der Mühe, seinen Bewegungen etwas mehr Leben einzuhauchen, aber seine Gedanken ließen dieses Vorhaben schnell wieder entgleiten. Wie irrsinnig glücklich war er damals gewesen, aber vielleicht war schon der Wunsch nach Glück nichts anderes als Irrsinn.

Er hatte sie im Bus kennen gelernt, als sie ihm in einer Kurve aus Versehen den Inhalt einer Flasche über die Hose gegossen hatte. Es war ihr so peinlich gewesen, dass er sie kaum hatte beruhigen können. Erst als er ihr versprach, mit zu ihrer Wohnung zu kommen, um seine Hose reinigen zu lassen, gewann sie ihre Fassung zurück. Selbst jetzt musste er unwillkürlich lächeln, wenn er an ihre Aufregung zurückdachte, an ihr zerzaustes Haar, das glühende Gesicht. Fassungslos hatte er ihre Schönheit angestarrt und war ihr willenlos gefolgt. So banal, so zufällig war das damals gewesen. Er hatte es einfach hingenommen, dass sie sich mit einem so farblosen Wesen wie ihm abgab. Warum hätte er nach einem Grund forschen sollen? Auch heute war er immer noch davon überzeugt, dass sie nichts geplant hatte, dass es tatsächlich Zufall gewesen war, der sie zusammengeführt hatte, oder eine freundliche Schicksalsmacht, wie er geglaubt hatte.

Der Mann war stehen geblieben, umklammerte das Treppengeländer und starrte auf die Stufen. Das Holz war in der Mitte zu einer flachen Mulde abgetreten, auf der der braune Lack nicht mehr haftete. Die Maserung bildete altersbedingte Schrunde und Risse und war von Hektolitern beißender Lauge zu einem toten Grau verkümmert, das nur noch das Zerrbild lebendigen Holzes war. Einige Stufen waren gerissen und ächzten, wenn sie belastet wurden. Er fühlte sich dem geschundenen Holz verbunden und wünschte sich, ebenfalls tote Materie zu sein. Sein Blick flüchtete die Treppe empor. Das waren alles Details, die er vor einiger Zeit noch nicht bemerkt hatte.

Alles war von Glück erfüllt gewesen, sodass sogar das kalte Deutschland etwas Freundliches bekommen hatte. Sie hatten sich immer öfter getroffen, wobei er jedes Mal aufs Neue von ihrer Lebendigkeit fasziniert war. Es wirkte so befreiend auf ihn, dass er die Fremde um sich weniger bedrohlich fand. Selbst seinen Akzent lernte er zu ignorieren und wurde mitteilsamer. Er hatte Mut gefasst, sogar Träume zu formulieren, weil sie ihm zuhörte und auch von ihren eigenen sprach. Trotz aller Unterschiede hatten sie sich auf eine ihnen beiden unerklärliche Art und Weise verstanden. Irgendwann zog sie zu ihm in die Wohnung, und wenig später heirateten sie. In diesem Punkt konnte er sich von den Traditionen, in denen er aufgewachsen war, nicht trennen, aber es war für sie kein Problem gewesen. Sie hatte schlicht und einfach mit Ja auf seine zitternde Frage geantwortet, und diese letzte Klippe seiner Angst war umschifft worden. Als wäre er nie vorhanden gewesen, so war sein unergründbarer Widerwille gegen sich selbst und diese Welt verschwunden. Sein ständiger Begleiter, die Fremde, hatte sich zurückgezogen; auf einmal war er jemand gewesen, er hatte eine Stelle auf dem Bau, eine Wohnung, eine Frau und, das war die Krönung seiner Freude gewesen, die Ankündigung eines Kindes.

Er hatte inzwischen den letzten Treppenabsatz vor seiner

Wohnung erreicht und blickte stumpf vom Flurfenster hinab in die Fußgängerzone der Stadt. Alle diese Menschen schienen Ziele zu haben, denen sie hinterherhasteten. Was waren das nur für Ziele? Er fasste die fremden Gesichter ins Auge, die in endloser Folge vor dem Haus vorbeizogen. Nach und nach wurde er sich wieder des Huhnes bewusst, das er immer noch in der Hand hielt. Er musste sich beeilen, die Suppe für seine geschwächte Frau zu kochen, um endlich hinauszugehen, auf die Suche nach einer neuen Stelle.

Er hatte sich auf der Großbaustelle geweigert, Pfuscharbeit auszuführen, was ihm bald die Kündigung eingebracht hatte.

„He, Russki", hatten sie gesagt. „Stell dich nicht so an, du kennst das doch von zu Hause, da habt ihr doch nichts anderes gemacht!"

Mit all seinem Stolz und mit all seinem neuen Glück, das ihn erfüllte, hatte er die Kündigung ohne Kommentar hingenommen. Zu Hause fand er seine Frau, die in der Wohnküche saß und weinte. Irritiert setzte er sich zu ihr, um sie mit hilfloser Geste zu trösten. Sie wischte diesen Versuch mit der Bemerkung vom Tisch, dass sie so nicht weiterleben könne. Er hatte ihr sein Gesicht zugewandt, um sie wirklich zu verstehen, aber sie wich seinem Blick aus, während ihre Hände auf dem gewölbten Bauch hin- und herfuhren. Dann eröffnete sie ihm, dass das Kind nicht von ihm sei. Eine unendliche Stille versuchte, ihn von innen zu ersticken, während seine Frau in Angst erstarrte, als ob sie Schläge erwartete.

„Warum dann diese Heirat?", stieß er tonlos hervor.

„Das Kind braucht einen Vater."

„In der heutigen Zeit?!" Die Bitterkeit in seiner Stimme ließ sie zurückschrecken.

„Ich brauchte jemanden."

Wie ein Blinder wandte er sich ab und schritt zum Fenster.

„Warum ich?“, warf er ihr hin.

Sie folgte ihm mit den Augen.

„Du ... du warst so rechtschaffen, so unschuldig.“

„Das sind nur andere Worte für ... langweilig.“

Sein Blick folgte nicht mehr den Menschen auf der Straße, sondern musterte die Gardine des Flurfensters. Einmal pro Woche musste er die Treppe putzen, einmal im Vierteljahr die Gardine waschen, aber das interessierte ihn nicht. Als hätten sich die Worte in seinem Gedächtnis eingefressen, hörte er den Dialog immer wieder, und immer wieder riss die Verletzung auf. Er hatte sie nicht verlassen, wenn er auch nicht wusste, warum. Beziehungslos, als lebten sie in einem Vakuum, teilten sie die Wohnung miteinander. Dort oben hinter der Tür schlief sie jetzt erschöpft durch die Geburt, und er musste sich um das Kuckucksei kümmern, das sie ihm in die Küche gelegt hatte. In seiner alten Heimat wäre er längst eine Witzfigur, und auch die Menschen hier würden spotten, wenn er jemanden näher kennen würde. Konnte es überhaupt irgendwie weitergehen? Ratlos blickte er zum Himmel, der sich inzwischen zugezogen hatte, resigniert erstieg er die letzten Stufen und schloss die Tür auf.

Am Abend stand Lew Iosif Grundmann in seiner Küche und blickte hinab auf die immer noch belebte Straße, wo ein Trupp Arbeiter damit beschäftigt war, die Adventsbeleuchtung über der Fußgängerzone anzubringen. Künstliches Tannengrün spannte sich über die Straße, das in der Mitte von einem großen Stern, einem Weihnachtsbaum oder einem Engel aus Glühbirnen unterbrochen wurde. Unter seinem Fenster wurde ein Engel befestigt, wobei zwei Arbeiter auf jeder Straßenseite auf Leitern standen, während ein Dritter die Lichterkette in der Mitte mit einer Stange hochhielt.

Da wo er früher gelebt hatte, waren diese Festsymbole nie zu sehen gewesen, hier sah man sie in allen Schaufenstern, an denen die Menschen vorbeieilten, und doch war alles inhaltsleer.

Er blickte auf die Arbeiter herab, die mit routinierten Griffen die Dekoration befestigten. Selbst Feiern wurden in Deutschland mit einer Perfektion durchgeführt, die ihn kalt anmutete. Jetzt stiegen die Männer von den Leitern und schalteten den Strom ein. Nichts geschah. Die Arbeiter diskutierten miteinander, um dann an den Kabeln zu rütteln. Flackernd leuchteten die Birnen auf, sodass die Arbeiter befriedigt zum nächsten Haus gingen. Aber immer wieder setzten die Birnen für einen Herzschlag aus, um dann erneut zu leuchten. Dem Mann hinter dem Fenster war der kleine Wackelkontakt sympathisch, besonders dass er gerade hier unter seinem Fenster war.

Immer weiter schaute er auf die dunkler werdende Straße und den flackernden Engel herab, nicht weil es so interessant war, sondern weil er es herauszögern wollte, sich mit seiner verfahrenen Situation zu beschäftigen. Er wusste, was hinter seinem Rücken wartete: Das Kind schlief und roch nach Milch, weil seine Frau es vor kurzer Zeit gestillt hatte. Bisher war kein Lebenszeichen von ihr zu hören gewesen, woraus er schloss, dass sie schlief und seine Rückkehr noch nicht bemerkt hatte. Es war gut so, denn er hätte nicht gewusst, was er sagen sollte.

Fröstelnd zog er die Schultern hoch; dieser Zustand wurde immer unhaltbarer. Er konnte nicht weiter so tun, als wäre nichts geschehen oder als sei seine Frau einfach nicht vorhanden. Was hätten die Männer in seinem alten Dorf getan? Sie hätten die Frau verprügelt und sich dann betrunken. Und hier? Die Menschen waren überall gleich, nur dass hier die Gewalt hinter größerer Höflichkeit verborgen wurde. Er schüttelte langsam den Kopf; das konnte er nicht. Das Äußerste war, sie und das Kind rauszuwerfen. Er stellte sich seinen Zorn in Gedanken vor, aber er verspürte keine Erleichterung.

Die Finger seiner Hand fuhren über die beschlagene Fensterscheibe. Was würdest du mir raten?, dachte er und blickte auf den flackernden Engel herab. Du Freudenbringer, Hoffnungsträger! Er lächelte bitter. Was willst du mit deiner Botschaft in dieser Fremde? Die Menschen laufen achtlos durch die Straßen, und es hat sich noch nie etwas geändert.

Die Glühbirnen flackerten unbeirrt.

Hoffnung! dachte er. Er hatte fast Angst davor. Auf dem Markt hatte ihn der Gärtner angesprochen, bei dem er immer Blumen für seine Frau gekauft hatte, und bot ihm trotz der winterlichen Jahreszeit einen besonders schönen Strauß an. Zögernd war er stehen geblieben und hatte bedauernd erklärt, dass er wegen seiner Arbeitslosigkeit kein Geld habe. Anstatt sich sofort abzuwenden, hatte ihn der Mann gemustert, dann schob er ihm ein Stück Einwickelpapier mit seiner Adresse zu und meinte, er solle sich nach den Feiertagen bei ihm melden, vielleicht habe er ja etwas für ihn.

Was war, wenn das auch nur ein kalter Traum blieb? Und doch war es ein Ziel.

Doch ein wenig Hoffnung? Wie ein Frage blinkten die Birnen vor dem Fenster.

Er schaute kurz in das Zimmer, aber das Kind hatte nur im Schlaf geschmatzt. Sofort blickte er wieder hinaus. Dieses fremde Kind in seiner Küche! Warum hatte sie es ihm nur gesagt? Er hätte es nie gemerkt und nie die Monate nachgerechnet. Sie hätte es nicht sagen müssen. Warum nur die Wahrheit?

Er lehnte die Stirn gegen die kalte Scheibe. Sie, die ihm alles hätte beantworten können, lag im Nebenzimmer, aber er konnte nicht zu ihr gehen und sie daraufhin ansprechen. Bedeute ich ihr etwas?, fragte er stumm zum Fenster hinaus. Wenn ich ihr gleichgültig wäre, hätte sie schweigen oder mich einfach verlassen können. Er war aus einer Fremde in die andere gegangen; sie hatte sie ihm erträglich gemacht und war dann zu einer neuen Fremde geworden. Auch in glücklichen Zeiten war sie ihm ein Geheimnis gewesen, aber das Geheimnisvolle ihrer Persönlichkeit machte den Wert ihrer Beziehung aus.

Du willst wohl unbedingt, dass ich hoffe, mein elektrischer Engel, dachte er und schüttelte skeptisch den Kopf.

Als er seine Hände in den Hosentaschen vergrub, sah er etwas Weißes im Aufschlag seines linken Hosenbeines leuchten. In Gedanken bückte er sich und holte eine Feder des Suppenhuhnes hervor, die sich dort verfangen hatte. Zwischen zwei Fingern hielt er sie hoch.

So etwas fehlt dir, mein flackernder Freund. Ich hoffe, dir geht nicht der wärmende Strom aus. Aber der Engel verstrahlte unbeirrt sein zitterndes Leuchten.

Langsam trat der Mann an das Bett des Säuglings und schaute auf das schlafende Kind. Er beugte sich vorsichtig herab, um es mit der Feder an der Nase zu kitzeln. Eine kleine Hand wischte sich vergebens durch das Gesicht, das sich dann zu einer Grimasse verzerrte, ohne jedoch wach zu werden. Während er noch auf das komische Wesen schaute, rief eine Stimme aus dem Nebenzimmer.

„Lew!“, rief die Stimme, aber er blickte immer noch auf das schutzlose Wesen. Dann öffnete sich die Tür des Schlafzimmers, und sie trat mit verlorenem Schritt aus der Dämmerung, um sich zerbrechlich an den Türpfosten zu lehnen.

„Lew, ich habe Angst!“

Sein fadenscheiniger Anzug knisterte beim Aufrichten; das Lächeln auf seinen Zügen, mit dem er das Bündel vor sich betrachtet hatte, verschwand, als er sich ihr zuwandte. Ein Moment des Zögerns verharrte zwischen ihnen, dann streckte er ihr die Hand entgegen.

„Ich auch“, meinte er, „ich auch.“

*

Andreas Malessa

Die halbwegs heiligen drei Königinnen

Wunderbar. Einfach wunderbar. Lisa umklammerte ihre Teetasse, als müsse sie sich dran wärmen. Draußen, hinter dem Dachgaubenfenster, flammte ein winterliches Spätnachmittagsrot über den Himmel. Unten auf der Straße war der Verkehrslärm beinahe verstummt. Lisa atmete aus. Geschafft!

Sie hatte erreicht, was wochenlang unmöglich schien: Heiligabend nichts zu machen. Aber auch gar nichts. Ihr zehnjähriger Junge wollte lieber bei seinem Vater sein und erst morgen zurückkommen, ihre Eltern sangen heute mit der Kantorei in mindestens drei Christmetten, ihre Ex-Schwiegereltern waren auf Kreuzfahrt, Bruder und Schwägerin schmollten wegen irgendwas. Und so wurde ihr Traum wahr : Am 24. Dezember unbesucht und unbehelligt, unfrisiert und ungeschminkt – für sich sein zu dürfen.

Lisa mochte das Wort „allein" nicht. Allein lebend, allein stehend, allein erziehend – selten fühlte sie sich einsam. Und wenn, dann brauchte sie kein Mitleid dafür. Erst recht nicht Heiligabend.

Singles werden gefragt, ob ihnen, „besonders jetzt so", nicht eine Familie fehle.

Fragte Lisa die Familien etwa, was ihnen alles fehlte?!

In den vergangenen Wochen hatte sie deshalb am Telefon wortakrobatisch um Verständnis gebeten, dass sie „gar nichts" machen würde. Vielleicht Grußkarten schreiben, fernsehen, Tagebuch nachtragen, in der Badewanne einen Roman lesen und dann Zehennägel lackieren. Zu nichts genötigt und zu nichts verpflichtet sein. Die Stille genießen. Zur Ruhe kommen. Nachdenken.

Die Lachslasagne sei jetzt fertig, piepte der Elektrobackofen. Kater Mohrchen sprang maunzend vom Sofa und strich bettelnd um Lisas Beine.

Rrring. Hatte es geklingelt? Sie knipste mit der Fernbedienung den Fernseher aus. Ein Zeichentrickbild, wie die Heiligen Drei Könige gerade unter einem riesigen Kometen am Himmel umständlich von ihren Kamelen steigen, schmolz zu einem Lichtpunkt im Schwarz der Mattscheibe zusammen.

Rrring, rrring. Tatsächlich. Aus der Sprechanlage quäkte eine vertraute Stimme: „Überraschung! Ich bin‘s. Die liebe Simone."

Lisa musste schmunzeln und drückte den Türöffner. Ihre beste Freundin rauschte temperamentvoll zur Wohnungstür herein, eine Chanelwolke hinter sich her, drückte ihr einen Christrosenstrauß in Folie vor die Brust und lachte: „Hier versteckst du dich also! Um alles allein zu verputzen, was? Aber nicht mit mir, meine Teure. Rate mal, wo wir nachher hingehen!"

Der Backofen piepte zum zweiten Mal. Mohrchen hatte sich beleidigt hinters Sofa verzogen.

„Simone, ich ..."

„In die Mitternachtsmesse, jawoll! Und weißt du, wer am Eingang auf uns wartet?"

Lisa nahm zwei Topflappen, bückte sich nach der Lasagne und balancierte das Backblech auf den Esstisch. „Simone, ich brauche keine religiösen Geschmacksverstärker. Ich wollte heute einfach mal ..."

„Mia! Unsere gute alte Mia, extra aus Berlin eingeschwebt! Und als wir heute Nachmittag über dich sprachen, da ..." Simone pellte sich erst jetzt aus ihrem Mantel. Lisa merkte erst jetzt, dass die Christrosen eine Vase brauchten.

„... da meinte sie plötzlich: Lass uns zu dritt das Christkind besuchen!“ Glockenhelles Gelächter brach aus Simone heraus, als hätte sie einen Witz erzählt.

Lisa schüttelte kauend den Kopf. „Das ist alles ganz lieb von euch, aber ich brauch‘ kein Jesulein und kein Gesülze, ich freu‘ mich auch so an ...“

Simone wurde plötzlich ernst und leise: „Okay, aber vielleicht braucht Gott es, dass du ihn mal besuchst?“

Jetzt músste Lisa prusten. „Gott braucht gar nichts. Nicht mal Gebete oder Lieder. – Frascati zum Fisch?“ Sie stand auf, um einen Korkenzieher zu suchen.

Draußen, hinter dem Dachgaubenfenster, funkelte der Abendstern im Nachtblau.

„Mmh, das, das mh schtimmt“, meinte Simone mit vollem Mund, „aber weißt du, was unsere verehrte Mia dir darauf antworten würde? Na und, würde sie sagen! Gott braucht‘s vielleicht nicht, aber er will es. Wenn er Mensch wurde, kann er doch auch menschliche Gefühle haben. Und sich freuen zum Beispiel. Und wenn man ihn aufsucht ...“

„... dann sollte man immer Gold, Weihrauch und Myrrhe dabei haben!“, unterbrach Lisa sie. Ihr schallendes Gelächter schlug den ungnädigen Kater vollends in die Flucht.

Kurz vor Mitternacht, nach einem ruhigen und lustigen Heiligabend, betraten sie tatsächlich zu dritt die festlich beleuchtete Kirche. Und fühlten sich wie drei Königinnen. Lisa, Mia und Simone hörten wunderbare Geschichten von Elisabeth, Maria und Simeon. Von Menschen, die in der Nähe des menschgewordenen Gottes einfach froh geworden waren.

*

Katrin Schäder

Tea for two

Wunderbar. Einfach wunderbar. Frau Gisela Anger schüttelte den Kopf, sodass eine graue Haarsträhne, die sich aus ihrem Dutt gewagt hatte, in hektische Bewegung geriet. Die anderen Zugfahrgäste saßen wie versteinert – oder steif gefroren? – auf ihren Plätzen und starrten vor sich hin. Der Zug selbst bewegte sich schon seit einer knappen Dreiviertelstunde nicht. Und würde es wohl auch so bald nicht tun.

Dies jedenfalls hatte gerade eine knarzende Durchsage aus den Lautsprechern verkündet, die wie leere Joghurtbecher in die Zugdecke eingelassen waren. Eigentlich sollten diese Dinger schwarz sein, fand Frau Gisela. Rabenschwarz. Denn aus ihnen kamen ja nur lauter unangenehme, ärgerliche Sachen. So wie eben jetzt: „Sehr verehrte Fahrgäste, die Abfahrt unseres Zuges verzögert sich wegen wetterbedingter Störungen auf unbestimmte Zeit." Fürchtet euch nicht.

Solch eine Durchsage trieb einen ja schon an ganz normalen Tagen zur Verzweiflung. Aber heute war Heiligabend! Der 24. Dezember, 16.39 Uhr! Ihre Kinder, die sie abholen sollten, froren sicher schon am Bahnsteig, und dieser Zug stand einfach irgendwo im Spessart. Fehlten nur noch die obligatorischen Räuber!

Einer davon saß ihr vermutlich gegenüber. Das war jedenfalls Frau Angers erster Gedanke, als sich dieser ... langhaarige Bombenleger auf den freien Platz gesetzt hatte. Eigentlich auf alle zwei freien Plätze, denn er war genauso breit wie hoch. Und hatte zwischen seinen umfangreichen Barthaaren nur ein sehr undeutliches „Tach!" hindurchgequetscht.

Und kalt war es auch noch! Vermutlich funktionierte die Heizung nur, wenn der Zug fuhr. Ob der da gegenüber nicht auch fror in seinen abgewetzten Lederklamotten? Frau Gisela hatte eine Idee. Irgendwo im Koffer oben im Gepäckfach musste doch die Thermoskanne sein! Mit klammen Fingern kämpfte sie mit dem Reißverschluss, zog und rüttelte daran herum. Plötzlich gab er nach, und die Thermoskanne fiel ihr entgegen.

„Hupps! Dumm gelaufen!" – Und schon hatte der „Bombenleger" mit einem schiefen Grinsen zugegriffen und die Kanne geistesgegenwärtig aufgefangen.

„Danke!", brachte Frau Anger heraus. Und fragte dann – mehr aus Höflichkeit: „Möchten Sie vielleicht ein bisschen Zitronentee? Nicht frisch, aber dafür lauwarm!"

„Guter Spruch!", sagte der Retter ihrer Thermoskanne. „Klar. Gerne!"

„Ich habe aber nur einen Becher!", meinte Frau Gisela, um dann resolut zu entscheiden: „Sie rechts, und ich links!"

„No problem!", knurrte das Gegenüber. Oder klang es nur geknurrt?

„Wieso fahren Sie denn am Heiligabend mit der Bahn?", fragte Frau Gisela und wunderte sich dabei über ihren eigenen Mut.

„Maschine kaputt!", kam es aus der Bartfülle. „Mein – äh – Motorrad. Es mag die Kälte nicht. Ich übrigens auch nicht. Und wo wollen Sie heute noch hin?"

Frau Gisela holte tief Luft. „Zu meinen Kindern nach Würzburg. Und die stehen sicher schon längst am Bahnsteig. Und ich kann ihnen nicht Bescheid geben!" Sie schluckte.

„Haben Ihre Kinder Handy?"

Frau Gisela nickte.

„Und haben Sie die Nummer?"

Nochmaliges Nicken.

„Geben Sie mal her!"

Gehorsam suchte Frau Gisela den Zettel mit der Notfall-Handy-Nummer ihres Sohnes. Der Bartträger guckte mit schiefem Kopf nach der Zahlenfolge, tippte auf einem winzigen Stück Plastik herum und hielt es ihr nach einem kurzen „Einen Moment ..." ans Ohr.

„Hallo?", rief sie hinein. „Jochen? Bist du's? Ich sitze hier noch im Zug. Der hat eine Panne – oder wie auch immer das heißt. Ich nehme dann ein Taxi. Nein, macht euch keine Sorgen, ich bin in guten Händen!" Sie lächelte verschwörerisch zum Handybesitzer. Der lächelte zurück, was man allerdings unter der Haarfülle lediglich erahnen konnte.

Zwei Stunden später kletterte Frau Gisela Anger – mit etwas steifen Beinen vom langen Sitzen – aus dem Zugwaggon. Noch bevor sie sich nach einem Taxi umsehen konnte, liefen ihre Enkel jauchzend auf sie zu. „Oma! Na endlich!"

„Aber ihr solltet doch nicht ...", sagte Frau Gisela verdutzt. „Woher wusstet ihr denn ...?"

„Oma, wer war denn der Mann mit dem großen Bart, der dir da gerade gewinkt hat?", fragte der fünfjährige Benjamin und sah verblüfft dem abfahrenden Zug nach. „Der, der uns gerade angerufen hat?"

Frau Gisela folgte seinem Blick, schüttelte wieder den Kopf und sagte leise: „Weißt du, das war vielleicht das Christkind ..."

*

Mathias Jeschke

Das Weihnachtslied des Kapitäns

„Wundabaa. Einfach wundabaa!“, krakeelte der Papagei, als ich die Kammer des Kapitäns betrat. Der Alte hatte mich nach der Decksmusterung gebeten, zu ihm zu kommen.

„Moin, Willms“, brummte er.

„Moin, Herr Kap'tän“, grüßte ich zurück. Ich wusste nicht recht, was das werden sollte.

„Willms, wollte fragen, ob Sie Lust haben, heute Abend nach unserer kleinen Feier noch'n bisschen zu mir zu kommen?“ Eigentlich wurde man ja nie schlau aus ihm, aber mit einer Einladung hatte ich am wenigsten gerechnet.

„Können wir noch 'n Punsch miteinander trinken, wir zwei.“ Er hatte wohl mein Zögern bemerkt, und setzte hinzu, „Wenn Sie wollen ...“

„Ja. Klar, Kap'tän, das will ich wohl tun“, sagte ich schnell. „Komm ich nach der Feier noch zu Ihnen.“ Ich schaute ihn an. Er blickte auf seine Papiere.

„Dann geh ich jetzt mal wieder“, sagte ich.

„Ja, geh man, Willms. Aber nich‘ vergessen: heut Abend bei mir.“

Der Papagei, dem der Alte den Namen Joseph gegeben hatte, wackelte auf seiner Stange von einem Fuß auf den anderen und wiegte den ganzen Körper dabei heftig hin und her.

„Wundabaa, einfach wundabaa!“, krächzte er mir hinterher, als ich die Kammertür wieder schloss.

Reinschiff stand auf dem Dienstplan. Immerhin war es Heiliger Abend, und an so einem Tag, da sollte der Pott wohl blitzen und blank sein. Ich war dafür verantwortlich, das Schiff über die Toppen zu beflaggen und alle Lichter zu setzen – der große Festtagsschmuck.

Wir lagen natürlich nicht allein auf Reede vor Shanghai; alle anderen Schiffe um uns rum würden genauso geschmückt sein. Wie lauter Weihnachtsbäume mitten auf dem kabbeligen Wasser.

Während ich so vor mich hinwirtschaftete, ließen mich die Gedanken an den Besuch beim Alten nicht los. Was der wohl von mir wollte? Eigentlich war er immer ziemlich reserviert der Mannschaft gegenüber. Da konnten die meisten an Bord ein Lied von singen. Der bruddelte immer so in sich hinein. Wenn man was von ihm wollte, musste man schon einen guten Moment abpassen, sonst konnte man's vergessen.

Da hatten die anderen Jungs schon mal einen Kommentar für ihn übrig. Wie auch für mich. Wenn die mal nicht so gut auf einen zu sprechen waren, dann konnte man sehen, wo man blieb. „Bible-man, go home!", raunten sie mir ab und an mal zu, wenn ich irgendwo auftauchte und lachten sich dann in's Fäustchen. Denen geht's anscheinend auch nicht gut, wenn sie nicht einen haben, über den sie herziehen können. Nur, weil ich in der Koje 'ne Bibel stehen hab' und abends drin lese.

„Willms", sagte der Alte, als ich dann nach der etwas steifen gemeinsamen Weihnachtsfeier schließlich mit ihm vor dem dampfenden Punschglas saß, „Ich wollte mal mit jemandem anstoßen. Ich hab heute erfahren, dass ich Großvater geworden bin. Meine Tochter, die ist mein einziges Kind, hat einen Sohn gekriegt. Dachte, das muss man 'n bisschen feiern."

„Wundabaa, einfach wundabaa", posaunte da der Papagei.

Der Alte schaute mich an. „Wissen'se eigentlich, was der komische Vogel da singt?"

„Nee, Herr Kap'tän." Ich hatte keine Ahnung.

Da fing der Alte an, leise vor sich hinzubrummen, in einer Art Sprechgesang:

„Wunderbar, einfach wunderbar,
was in Bethlehem geschah.
Gottes Sohn
kam vom Thron
auf die dunkle, kalte Erde,
dass es auf ihr Friede werde.

Wunderbar, einfach wunderbar.
Wer im Stall das Kind ansah,
wusste gleich,
dass das Reich
Gottes mit dem Kind im Arm
Marias seinen Anfang nahm.
Wunderbar, einfach wunderbar,
unser König ist jetzt da.
Dich, den Herrn,
Morgenstern,
loben wir mit Mund und Händen,
du wirst unsre Herzen wenden."

Wo er das wohl ausgegraben hatte? So aufgetaut hatte ich ihn noch nie erlebt. Der Alte guckte zu Boden, dann hob er den Kopf und blickte mich an. Er schaute mir kurz in die Augen und er sah mir wohl an, dass ich mich mitfreute, denn er lächelte.

Dann sagte ich: „Na, denn man frohe Weihnachten, Herr Kap'tän!" und hob das Glas.

*

Kai-Uwe Woytschak

Südtiroler Herbstmedaillons

„*Wunderbar. Einfach wunderbar!*" Die blonde Mittdreißigerin bringt schräg vor mir ihren Einkaufswagen zum Stehen und starrt auf die kleinen Patschhände ihres Sohnes. Als ich an den beiden vorbeigehen will, kann ich erkennen, was der Knirps aus dem Supermarkt-Regal genommen hat: einen Schokoladen-Weihnachtsmann. Den Gesichtsausdruck des Jungen kenne ich nur allzu gut. „Will haben!", bedeutet diese Mischung aus bettelndem Blick und freundlichem Lächeln. Als Kind hatte ich damit auch fast immer Erfolg.

„Einfach wunderbar!", sagt die Mittdreißigerin noch einmal mit einer gehörigen Portion Missbilligung in der Stimme und scheint jetzt mich anzusprechen. „Wir haben gerade mal Mitte September und die verkaufen hier schon jede Menge Weihnachtsartikel." Mit einigen für Mütter ziemlich typischen Worten nimmt die Frau ihrem Sprössling den Weihnachtsmann aus der Hand, legt ihn wieder zurück ins Regal und schiebt ihren Einkaufswagen weiter in Richtung Gemüseabteilung. Der kleine Junge folgt ihr nur widerwillig. – „Schön, dass ich erwachsen bin", denke ich vergnügt bei mir selbst und lege eine Packung Lebkuchen in meinen Einkaufskorb.

Zwei Tage später zur Kaffeezeit: Das Thermometer auf dem Balkon zeigt achtundzwanzig Grad im Schatten. Auf dem Tisch steht ein großer Pott Kaffee und genau jene Packung Lebkuchen. Plötzlich klingelt's an der Wohnungstür. Mein Freund Thomas schaut eben mal kurz vorbei. Ich hole eine zweite Tasse aus der Küche und schenke ihm ein, während er schon munter die neuesten Neuigkeiten aus unserer Kirchengemeinde erzählt.

Plötzlich wird sein Redefluss etwas stockender, seine Stirn legt sich in Falten, einen Moment lang schweigt er, und dann fragt er mich: „Das darf doch wohl nicht wahr sein! Mitten im Sommer futterst du Weihnachtslebkuchen?“

„Spätsommer“, korrigiere ich ihn, „wir haben Spätsommer. In anderthalb Wochen ist Herbstanfang.“

„Das ändert nichts daran, dass die Geschäftsleute immer früher ihr Weihnachtszeugs anbieten und einem damit das ganze Weihnachtsfest verderben.“

Ich könnte Thomas auf den Mond schießen. Was hat er gegen Leute, die friedlich auf ihrem Balkon sitzen, die Sonne genießen und nebenbei ein paar Lebkuchen vernaschen?

Meine Augen verformen sich langsam zu schmalen Sehschlitzen. „Noch was?“, frage ich ihn leicht giftig.

„Ja“, sagt er, „vor allem die Kinder wissen bald nicht mehr, was es heißt, mit Geduld auf ein großes geistliches Ereignis zu warten. Wenn sie Weihnachten schon im September erleben können, dann dauert‘s nicht mehr lange, dass sie ihre Kindergebete ebenfalls ruck, zuck von Gott erfüllt haben möchten.“

„Da hast du schon Recht“, sage ich zu Thomas, „aber das hier sind keine Weihnachtslebkuchen, sondern Original Südtiroler Herbstmedaillons.“

„Südtiroler – was?“

„Südtiroler Herbstmedaillons“, wiederhole ich mit einer gewissen Schärfe in meiner Stimme. „Der Schokoladenüberzug erinnert an den Überfall afrikanischer Soldaten auf Südtirol im Jahre 1563. Und die weißen Oblaten auf der Unterseite symbolisieren die Südtiroler Widerstandsbewegung, die lange Zeit verborgen im Untergrund gegen die schwarze Fremdherrschaft aufbegehrte.“

Thomas guckt mich sekundenlang an, ohne etwas zu sagen.

Ich versuche ernst zu bleiben und möglichst grimmig dreinzuschauen.

„Und warum steht auf der Packung ‚Original Nürnberger Lebkuchen‘?“, fragt Thomas vorsichtig nach.

„Weil Nürnberg damals, wie jeder gebildete Mensch weiß, zu Oberitalien gehörte und Oberitalien eine direkt abhängige Provinz von Südtirol war“, kommt es wie ein Pistolenschuss aus meinem Mund.

Mit ein paar eleganten Überleitungssätzen wechselt Thomas das Thema und verabschiedet sich nach gut einer Stunde. Ich bleibe noch eine Weile auf dem Balkon sitzen und bin erschrocken darüber, wie ich mein Gegenüber nur so schamlos belügen konnte. Nach einer Weile hole ich meine Bibel und mache mich auf die Suche nach jener Stelle, wo es heißt: „Du sollst nicht Lebkuchen essen, bevor es Weihnachten wird!“

Ich habe die Bibelstelle bis heute nicht gefunden.

*

Karin Ackermann-Stoletzky

Der Katzen-Engel

„Wunderbar, einfach wunderbar!", murmelte Lena wütend vor sich hin, gab ihrem Einkaufswagen einen kräftigen Schubs – und fuhr der Frau vor ihr kräftig in die Fersen. Mit einem leisen Jammerlaut ging die alte Dame leicht in die Knie und verlor dann ganz den Halt.

Auch das noch!, dachte Lena erschrocken, als sie sich neben die Verletzte kniete. Das Gesicht, das sie vor sich sah, war irgendwie etwas Besonderes. Vom Leben tief zerfurcht, mit blitzblauen Augen, lebendig funkelnden Augen, die jetzt vor Schmerz leicht zusammengekniffen waren.

„Können Sie aufstehen?", fragte Lena besorgt.

„Ich versuchs mal, wenn Sie mir helfen." Als sich die alte Dame endlich mit ihrer Hilfe hochgerappelt hatte, hing sie schwer an Lenas Arm. Vorsichtig versuchten sie gemeinsam einen Schritt.

„Oh, es geht nicht, ich kann den Fuß nicht belasten! Es tut mir Leid, aber es geht wirklich nicht. Haben Sie so ein Dings, so ein Handy dabei? ... könnten Sie mir vielleicht ein Taxi rufen, damit ich heim komme? Es ... es ist mir etwas peinlich, aber könnten Sie mir dann vielleicht noch einen Gefallen tun? Wären Sie so lieb, meinen Einkauf für mich zu Ende zu erledigen? Ich bin allein stehend, was ich jetzt nicht mitnehme, bekomme ich auch nicht irgendwie anders."

Lena, die sich innerlich schon auf eine Schadensersatzforderung eingestellt hatte, zückte erleichtert ihr Mobiles. „Klar, gern!", antwortete sie.

Dann nahm sie die alte Frau, die sich schwer auf den

Einkaufswagen stützte, noch einmal bewusst wahr und dachte: Lena, alte Egoziege, willst du sie jetzt ernsthaft allein ihrem Schicksal überlassen? Und das am Heiligen Abend? Und nächste Woche liest du dann in der Zeitung: Alte Frau tot in ihrer Wohnung gefunden. – Und so steckte sie ihr Handy wieder weg und sagte: „Ich bringe Sie lieber mal selbst in die Krankenhaus-Ambulanz und dann nach Hause. Warten Sie, ich hole ihnen etwas zum Hinsetzen, und dann sagen Sie mir, was ich einkaufen soll"

Und weil Lena nun mal ein Organisationstalent war, stand null Komma nichts ein bequemer Stuhl aus der Möbelabteilung mitten zwischen den Regalen, und sie machte sich mit einer Einkaufsliste in der Hand auf den Weg. Alles klar, obwohl ...

„Entschuldigung, hier steht 50 Packungen Katzenfutter!" Lena sah ihr Gegenüber unsicher an. Man hörte ja so viel von verwirrten alten Leuten ... Aber ihre alte Dame sah sie strahlend und gänzlich unverwirrt an. „Stimmt, aber wo Sie mir jetzt ja tragen helfen, könnten wir ja auch siebzig Packungen nehmen! Ich nehme immer das billige, ich fütterte nämlich die streunenden Katzen!"

„Ah ja", sagte Lena und dachte: Da kann man so normal aussehen wie man will ... – „Gut", sagte sie und schob los.

Nach zwanzig Minuten stand sie mit viel mehr Katzen- als Menschenfutter in zwei übervollen Einkaufswagen und einer stark humpelnden alten Dame an der Kasse und wunderte sich über sich und die Welt. In diesem Laden schien man die Frau zu kennen, überall wurde sie gegrüßt und jeder schien um sie besorgt. „Ach, Frau Mielke, haben Sie Ihre Enkelin mitgebracht?", fragte die Verkäuferin freundlich lächelnd.

„Nein, Frau Gunther, das ist eine sehr nette junge Frau, die mir hilft. Sind denn die Weihnachtstüten fertig?"

„Ja", sagte Frau Gunther, „sie stehen da hinten in den Bananenkartons. Der Chef hat von sich aus überall noch ein Paar Socken dazugetan."

„Das ist aber nett!", strahlte Frau Mielke und wandte sich dann an Lena: „Haben Sie ein großes Auto? Können Sie die Kisten auch noch mitnehmen?"

Im Hintergrund sah Lena vier große Bananenkartons voll mit prall gefüllten Weihnachtstüten. „Ja, das ginge schon", sagte sie zögernd, „aber was haben Sie denn mit denen vor?"

„Die verteilt unsere Frau Mielke an Obdachlose!", lachte die Verkäuferin, „wussten Sie das nicht? Macht sie jedes Jahr!"

Langsam wurde Lena klar, dass sie wohl so was wie den Weihnachtsmann, pardon, die Weihnachstfrau für streunende Menschen und Katzen angefahren hatte. – Okay, wer A sagt ... – „Gut, bleiben Sie am besten hier bei der Kasse sitzen, während ich alles einlade", sagte sie. Und mithilfe der halben Ladenbesatzung waren die Sachen schnell verstaut. Fast jeder hatte ein anerkennendes Wort für sie. „Wie schön, dass Sie das machen" – „Ich habe schon überlegt, ob wir vom Laden ihr vielleicht helfen, sie schafft das doch kaum noch allein. Spart das ganze Jahr ihre Rente zusammen, damit sie das alles bezahlen kann und wird auch nicht jünger und rüstiger... Dass Sie jetzt da sind, ist ja wie ein Geschenk des Himmels."

„Na ja", dachte sie bitter, „wenigstens für einen Menschen bin ich dann ja wohl nützlich ..." Sofort schwirrten dieselben traurigen und wütenden Gedanken durch ihren Kopf wie vorher, aber sie schüttelte sie energisch ab. Dazu war später Zeit, jetzt war die Aktion: „Rettet die alte Dame!" dran.

Als sie Frau Mielke sicher im Auto hatte und mit ihr Richtung Krankenhaus fuhr, spürte sie den intensiven Blick ihres Fahrgastes. „Ach, jetzt haben wir uns noch gar nicht bekannt gemacht! Dabei sind Sie doch mein rettender Engel! Ich heiße Anna, Anna Mielke!"

„Und ich bin Lena Herbst. Sie können mich gern Lena nennen." Warum sie ihr das anbot, wusste Lena selbst nicht. Irgendetwas war an dieser Frau, etwas Besonderes. In ihrer Gegenwart fühlte man sich ... irgendwie warm und wohl.

„Ach, dann nennen Sie mich aber auch Anna", strahlte die alte Dame sie an. „Vielen Dank noch einmal, Lena! Aber sagen Sie es ruhig, wenn Sie Verpflichtungen haben. Weihnachten sind ja die meisten Menschen in Eile, und sie müssen ja sicher auch zu ihrer Familie!"

Das warme Gefühl war wie weggeblasen.

„Nein", sagte Lena knapp und kalt, „ich habe keine Verpflichtungen." Mehr wollte sie nicht sagen, und die alte Dame schien das zu respektieren.

Die Krankenhausambulanz war überfüllt, trotzdem mussten sie nicht allzu lange warten, bis ein Arzt sich den Knöchel der alten Dame ansah. Er leuchtete in allen Farben des Blutergusses, aber es schien nichts gebrochen zu sein. Nachdem der Fuß fest bandagiert worden war, humpelte Anna schon wieder ganz munter aus dem Krankenhaus zum Auto. „Sagen Sie mal, Lena, fragte sie beim Einsteigen, „wenn Sie heute keine Verpflichtungen haben, könnten sie mich dann nicht vielleicht auf meiner Weihnachtstour begleiten? Fühlen Sie sich ganz frei, nein zu sagen, wenn Sie es nicht möchten. Dann nehme ich ein Taxi, das ist kein Problem. Aber es wäre schön, noch etwas Zeit mit Ihnen zu verbringen, und es wäre mir natürlich auch eine große Hilfe."

Lena zögerte. Eigentlich hatte sie vorgehabt, sich mit einem Buch aufs Sofa zu verziehen und abzuwarten, bis Weihnachten endlich vorbei war. Andererseits: Warum nicht?

„In Ordnung“, sagte sie. „Wie sieht der Plan aus?“

Anna lachte sie an: „Wunderbar! Also: Ich habe quer durch die Stadt verteilt Futterstellen für streunende Katzen gebaut, nur so Kisten, wissen Sie, aber dort bringe ich gerade im Winter immer Futter hin. Es gibt sehr viele hungrige Katzen hier! Und die würde ich dann gern mit Ihnen abfahren. Und immer, wenn wir unterwegs einen Obdachlosen sehen, halten wir an und schenken ihm eine Weihnachtstüte!“

Und so machten sie es. Sie gingen auf unbebaute Gelände und in Hinterhöfe und verteilten das Futter. Oft rannten, sobald sie den Futterkisten nahe kamen, aus allen Ecken Katzen heran, manche schnurrend und um Streicheleinheiten bettelnd, manche vorsichtig und ängstlich auf Abstand bedacht. Viele sahen wirklich mager und verhungert aus, und Lena merkte, wie ihr Herz diesen heimatlosen, vor allem den scheuen Tieren zuflog. Und den Menschen, die sie traf. Menschen, die versuchten, sich in großen Pappkartons vor der Kälte zu schützen, Menschen, die in Bahneingängen, in geschützten Ecken oder in Toilettenhäusern Weihnachten feierten. Anna schien unter den heimatlosen Menschen genauso bekannt zu sein wie unter den Katzen. Überall wurden sie mit Hallo begrüßt: „Anna, ich dachte schon, du kommst gar nicht mehr!“ – „Dankeschön!“

Und Anna begegnete Menschen wie Tieren mit derselben Freundlichkeit und Achtung: „Alles Gute für das neue Jahr. Hier ist eine Einladung ins Kirchenkaffee. Kommen Sie sich aufwärmen: Innen und außen. Klar, ihre Kleider können sie mittwochs in unserer Gemeinde waschen. Nein, ich kann in der nächsten Woche nicht so gut mit zum Sozialamt gehen, aber wenn Sie Mittwoch in die Gemeinde kommen, sorge ich dafür, dass ein anderer mit Ihnen geht …“

Lena kam immer mehr ins Staunen. Diese Frau ersetzte ja fast einen ganzen Sozialdienst!

Als sie beide endlich alle Geschenke losgeworden waren und im warmen Auto heimwärts fuhren, fühlte Lena sich endlich wieder einmal gut. Das war wirklich ein besonderes Weihnachten dieses Jahr. Nur über ihre Weihnachtsfrau wollte sie gerne etwas mehr herausfinden.

„Sagen Sie mal, Anna, warum machen Sie das, diese Geschenke an Menschen und Tiere?"

„Ach wissen Sie ... das ist so gekommen: Vor ein paar Jahren verlor ich meinen Mann und meinen Sohn gemeinsam bei einem Unfall. Ich war so verzweifelt. Dachte, ich könnte nicht mehr leben und nicht glauben, obwohl ich doch immer eine ganz enge Beziehung zu Gott hatte. Ich war auf einmal so vollkommen blockiert, so wütend, weil Gott diesen Verlust nicht verhindert hatte. Einige Monate vegetierte ich nur so dahin. Eines Morgens spürte ich, dass ich mich bald entscheiden musste, ob ich leben oder sterben wollte. Ich ging ohne Ziel durch die Stadt, immer weiter, vor lauter Verzweiflung fast blind. Irgendwann fand ich mich auf einem leeren Baugrundstück wieder und setzte mich einfach irgendwohin. Ich starrte nur in die Luft, ohne zu denken, wie betäubt. Bis ich eine Bewegung an meinem Bein spürte: Eine winzig kleines, ganz mageres Kätzchen versuchte, mein Schnürband einzufangen. Aber es war so schwach, dass es das gar nicht richtig schaffte. Zuerst sah ich es nur an, dann nahm ich es hoch. Es wehrte sich gar nicht, sondern schmiegte sich in meine Hand und maunzte leise. Ohne nachzudenken stand ich auf und nahm es mit zu einem Tierarzt. Der sagte mir: „Die ist nur halb verhungert. Da auf dem Gelände treiben sich jede Menge streunender Katzen herum. Die haben ein elendes Leben. Wäre gut, wenn sich mal jemand um die kümmern würden: Die müssen gefüttert und kastriert werden, damit es nicht immer mehr werden!" Tja, ich habe diese Katze dann mit nach Hause genommen, und wir haben uns wohl tatsächlich ... ja ... das Leben gerettet. Dann fing ich an, mich auch um die anderen Katzen auf dem Gelände zu kümmern, und dann auf noch einem und noch einem ... Dabei traf ich auch obdachlose Menschen, genauso verloren und heimatlos wie die Katzen. Und so gab es immer mehr, worum ich mich kümmerte. Ich fragte in meiner Gemeinde nach Hilfe, obwohl mein Glaube noch ganz schön wackelte. Aber es fanden sich bald Leute, die ebenfalls einen Blick für die Heimatlosen entwickelten. Und irgendwann ertappte ich mich, wie ich zu Gott sagte: „Danke, dass du mir in meinem dunkelsten Moment einen Katzen-Engel geschickt hast!"

Tja, so war das. Und seither ist es zwischen Gott und mir wieder in Ordnung. Warum meine Familie gehen musste, weiß ich immer noch nicht, aber ich glaube heute, dass es stimmt, wenn es in der Bibel heißt: „Nichts kann mich von der Liebe Gottes trennen!"

Lena war innerlich ganz nachdenklich geworden. „Nichts kann mich von Gottes Liebe trennen ..." Für sie war das nur ein Satz. Sie hatte noch nie etwas davon gemerkt, dass Gott sie lieb hätte. Im Gegenteil: Wenn es einen Gott gab, hatte er ihr sehr viel zugemutet.

Und plötzlich brach es mit Gewalt aus ihr heraus: „Meine Familie gibt es auch nicht mehr. Aus. Schluss. Mein Mann ist vorgestern zu seiner Freundin gezogen. Und meine Tochter hat Weihnachten keine Zeit für mich. Sie feiert mit Studienfreunden in einer Skihütte. *Vorgestern*, können Sie sich das vorstellen? Zwei Tage vor Weihnachten erzählt er mir ganz nebenbei, dass er eine Freundin hat und zu ihr zieht. Nach neunzehn Jahren Ehe, einfach so: ‚Es tut mir Leid.' Und dann geht er, nimmt nicht mal seine Sachen mit. Die Geschenke für ihn und meine Tochter liegen zu Hause im Kleiderschrank, schön verpackt. Aber jetzt bekommt er seine Geschenke von einer anderen."

Lena steuerte den Wagen an die Seite, Tränen verschleierten ihren Blick, sie konnte die Straße kaum noch erkennen. Die Hände krampften sich ums Lenkrad; verzweifelt versuchte sie geradeaus zu sehen, so zu tun, als wäre alles normal. „Ach, hör auf zu heulen", herrschte sie sich mit letzter Energie selbst an.

Da spürte sie eine sanfte Berührung an ihren verkrampften Fingern, ein vorsichtiges, sanftes Streicheln von einer alten Hand. Und hörte Annas Stimme, ganz leise und traurig: „Ach Kind, wie furchtbar allein und wütend musst du dich fühlen!" Und plötzlich lag Lena mitten im Gewühl des Weihnachts-Endspurt-Straßenverkehrs halb im Arm einer fremden Frau und weinte sich laut die Seele aus dem Leib. Ihr ganzer Körper bebte mit jedem neuen Tränenstrom. Ihre ganze Trauer, Wut und Verzweiflung weinte sie heraus. Endlich, nach den Tagen der Kälte und der Wut, kam das Leben wieder zu ihr. Ja, es tat furchtbar weh. Aber da waren auch Arme, die sie hielten, liebevolle Worte, die ihre Seele streichelten. „Ja, Kind, wein nur, lass den Schmerz zu. Du bist nicht allein: Ich bin für dich da, und Gott, dein Vater ist da. Ja, komm, hab keine Angst vor deinem Kummer, sonst macht er dich krank …" Und als die Tränen irgendwann verebbten, da war in Lenas Innerem etwas Neues aufgebrochen, etwas Gutes, Wohltuendes. Ja, sie war noch immer traurig, verletzt und wütend. Aber irgendwie fühlte sich alles nicht mehr so hoffnungslos an. „Wunderbar. Einfach wunderbar!", murmelte sie und sah lächelnd den Engel an, der auch ihr Engel geworden war.

*

Jürgen Werth

Das wahre Geschenk

Wunderbar. Einfach wunderbar. Das ist es. Genau das. Wurde aber auch Zeit! Noch zwei Tage bis Heiligabend und noch immer kein Geschenk für die Herzallerliebste!

Jedes Jahr dasselbe Spiel. Keine Zeit, keine Ideen. Parfum – hat sie noch vom letzten Jahr. Und vom vorletzten. Pullover – hat sie gerade selber gekauft. „Sieh mal! So einen habe ich jahrelang gesucht!“ Die Gute hat halt ihren ganz eigenen Geschmack. Schmuck – spätestens wenn die Verkäuferin nach der Ringgröße fragt, muss ich passen. Konzertkarten – leider kein Ereignis in Sicht, das sie hätte begeistern können. Bücher, CD's – na ja, wenn mir so gar nichts anderes mehr einfallen sollte.

Aber das ist es. Ein schicker warmer Fleece Pyjama. Süßer Schnitt, passende Farben, passende Größe (oder vielleicht doch nicht?). Und dazu mit einer Marke geschmückt, die sie gern trägt.

Obwohl: Wenn ihr die Farben nicht gefallen? Und wenn er zu groß oder zu klein ist? Und wenn der Materialmix ihrer zarten Haut so gar nicht behagt? Naja, bekommt ihn eben unsere Tochter.

Ach, wenn das Schenken doch nur einfacher wäre! Die Auswahl im Laden kleiner! Die Auswahl im Schrank auch! Früher war das mal einfacher. Bilde ich mir wenigstens ein. Früher hatten nicht alle schon alles. Früher hat man sich auch über Kleinigkeiten gefreut. Früher. Aber früher ist vorbei. Und ich will nicht jammern. Ich habe mein Geschenk. Und bald hat sie's!

Als ich fröhlich und beschwingt das Haus betrete, lächelt mir die Herzallerliebste entgegen: „Du hast noch einen Weihnachtswunsch frei. Meine Eltern haben eben angerufen." Und schon beginnt der Stress von vorn. Beinahe schlimmer noch. Wunsch? Ich? Also, alles, was ich so brauche, kaufe ich mir irgendwann selbst. Und was ich mir nicht kaufe, muss ich mir auch nicht wünschen. Weil's zu teuer ist. Oder weil ich's in Wirklichkeit ja doch nicht brauche.

Manchmal denke ich: Wir sollten auf die Weihnachtsgeschenke ganz und gar verzichten. Aber so ganz ohne unterm Tannenbaum?

Nein, umgekehrt wird ein Schuh draus: Den Grips anstrengen, rechtzeitig mit dem Hirnen beginnen, kleine Wünsche und Sehnsüchte notieren. Geschenke sind Liebesbeweise. Und da zählt die Fantasie mehr als der Preis.

Vielleicht sollten wir ohnehin immer wieder mal an Gottes Weihnachtsgeschenk Maß nehmen. Das Kind in der Krippe. Sein Sohn. Er selbst. Ein echtes Überraschungspaket. Wir wären kaum drauf gekommen. Dieses Weihnachtsgeschenk ist der Grund für unsere Weihnachtsgeschenke. Gott schenkt nicht etwas. Gott schenkt sich selbst. Und er schenkt uns damit das, wonach wir uns alle sehnen: himmlische Zuwendung, Vergebung der Schuld, ewiges Leben. Wir hätten's uns vielleicht nicht mal gewünscht. Hätten uns nicht getraut. Aber Gott ist nicht kleinlich. Ist es niemals. Vor allem dann nicht, wenn's um seine herzallerliebsten Kinder geht. Um uns.

Ich will auch nicht kleinlich sein. Nicht nichts schenken. Sondern mit Liebe und Fantasie schenken. Und ich merke schon: So ein Pyjama allein reicht nicht.

*

Ilse Ammann-Gebhardt

Als wäre gar kein Krieg

Wunderbar. Einfach wunderbar ist alles geworden! Seit Wochen hatte Anna geschuftet wie ein Pferd. Im Oktober hatte sie beim Bauern im Tagelohn Kartoffeln ausgemacht, hatte ihre eigenen Kartoffeln im Keller, Sauerkraut und saure Bohnen im Fass. Gläser mit eingewecktem Obst und Marmeladen standen im Regal. Sie hatte vom Bauern Mehl bekommen, Zucker und Margarine hatte sie seit langem aufgespart. Einen Hahn hatte sie gemästet, denn Weihnachten stand vor der Tür. An den vergangenen Abenden hatte sie gebacken ... Der Duft des Weihnachtsgebäckes hing noch im Haus.

Alles war vorbereitet, der Hefeteig angesetzt: Sie würde Streuselkuchen backen, einen Käsekuchen, Rosinenschnecken – wie in alten Zeiten. Wie in guten Zeiten. Als geübte Näherin hatte sie die Puppen der Kinder neu ausstaffiert, sogar einen Puppenwagen erstanden und manches mehr.

Es war einfach wunderbar, denn morgen, auf den Heiligen Abend genau, würde Heinrich von der Front in Urlaub nach Hause kommen. Er würde staunen! Nichts von Krieg würde zu merken sein! Sie hatte sich so abgerackert für dieses Weihnachtsfest 1916.

Heinrich kam. Müde, ausgehungert, verdreckt stand er in der Tür. Die Fahrt von Russland war weit gewesen. Seit langem lag er dort an der Front, und in diesen eiskalten vergangenen Wochen, wo der Schnee ihnen das Leben zur Hölle gemacht hatte, da hatte ihn nur das Wissen aufrecht erhalten, dass er an Weihnachten zu Hause sein würde. Endlich wieder einmal baden können! Endlich wieder einmal in einem sauberen, weichen Bett schlafen! Endlich wieder einmal Anna und die Kinder sehen, sehen, wie es ihnen ging und – Weihnachten, am Fest aller Feste, zu Hause sein. Ausruhen können, alle Gedanken hinter sich lassen können. Schlafen ...

Die Kinder überfielen den Vater mit ihrer Liebe, sie erdrückten ihn fast. Anna stand dabei und wischte sich die Tränen ...

Sie hatte alles vorbereitet: Heinrich badete, zog weiße, weiche Unterwäsche an, ein weißes Hemd, seine geliebte graue Hose ... Doch er fühlte sich elend, müde, zum Sterben müde. Aber er sagte es nicht. Anna und die Kinder waren allzu fröhlich und in Erwartung des Heiligen Abends ganz aufgeregt. Das wollte er ihnen nicht verderben.

Anna hatte es immer verstanden, die Tage vor Weihnachten mit Duft und Geheimnis und froher Erwartung zu erfüllen. Und dann waren die lang ersehnten Augenblicke da. Während die Kinder mit dem Vater in der Wohnküche saßen, war die Mutter verschwunden. Es war leise in der Küche, ganz leise, denn allzu leicht hätte man das Bimmeln des Glöckchens überhören können ... Und dann geschah es, sie hörten es ganz genau: Ein süßes, silbernes Bimmeln im Hausflur – oder war es im Wohnzimmer? Die Kinder hielten die Luft an, dann gingen sie langsam zur Tür. Im Flur war alles dunkel, aber aus dem Wohnzimmer fiel ein warmer, heller Schein, und das Glöckchen bimmelte noch immer. Langsam, zaghaft traten sie in die Tür, und dort schimmerte der schönste Weihnachtsbaum. Weiße Kerzen flackerten und spiegelten sich in silbernen Kugeln und Lametta ... Das Glöckchen verstummte, die Mutter war jetzt auch wieder da, und mitten in die Verzauberung hinein begann sie leise zu singen: „Stille Nacht, heilige Nacht ..."

Die Kinder fielen mit ihren klaren Stimmen ein, fröhlich und gerührt sangen sie ein Lied nach dem andern. „O du fröhliche, o du selige, gnadenbringende Weihnachtszeit."

Da drehte sich Heinrich wortlos um, verließ das Zimmer und ging zur Küche hinüber.

Anna war entsetzt. Wusste er denn, was er ihr und den Kindern antat? Warum war er gegangen? Warum hatte er nicht mitgesungen, sich nicht mitgefreut? Sie hatte sich alles so schön ausgedacht, hatte so hart gearbeitet für diesen Weihnachtsabend, diese Festtage. Aber er – warum tat er das? Anna machte ihr Herz hart. Sie sprach nicht mit ihrem Mann, und auch er schwieg, erklärte nichts, entschuldigte sich nicht. War es Kälte, war es Enttäuschung, die sich in ihren Herzen ausbreitete?

Doch dann kam ein Abend, an dem Heinrich sein Herz ein wenig öffnete.

„Weißt du, wenn man Wochen und Monate in Russland im Dreck liegt, und dann heimkommt und das sieht und hört – als wäre überhaupt kein Krieg ..."

Er hat es schwer, verständlich zu machen, was ihn quält. Doch Annas Herz ist noch immer hart:

„Weißt du denn, wie es mir und den Kindern in all den Jahren ging? Weißt du, wie ich mich abgerackert habe, um all das aufzutreiben für dieses Weihnachtsfest?"

Er weiß nicht. Sie weiß nicht.

„Du kannst dir nicht vorstellen", versucht er noch einmal, „was es bedeutet, wenn es heißt: Auf in den Nahkampf! – mit aufgepflanzten Bajonetten!"

Heinrich sieht all die schrecklichen, blutigen Szenen vor sich: Männer, die sich gegenseitig buchstäblich abschlachten – der oder ich! Man hat keine Wahl, denn daheim sind Frau und drei Kinder. Dabei hatte er immer ein weiches, mitfühlendes Herz gehabt, war nie hart gewesen.

Aber Anna hat nicht den Dunst einer Vorstellung, wie

seine Tage in Russland waren, und sie will es auch nicht wissen. Sie hat genug Arbeit und Kampf.

Die Tage gehen, doch jetzt, wo die bevorstehende Trennung bewusst wird, sind die Herzen nicht mehr hart. Sie sind weich, ganz weich, und Anna fühlt schon jetzt die Reue um die verlorenen Tage. Sie muss ihren Mann wieder ziehen lassen, und er muss gehen, Heim und warmen Herd, Frau und drei schmerzlich vermisste Kinder zurücklassen. Ein Abschied, der beiden das Herz fast zerreißt. Wussten sie, ob sie sich je wiedersähen?

Oft hat Anna im Alter von diesem Weihnachtsfest erzählt, und wir spürten ihr Bewegtheit ab. Jeder von uns fühlte sich hineingenommen in das Geschehen. Wir fühlten die Enttäuschungen, den Schmerz auf beiden Seiten, und wir versuchten, unseren Großvater zu verstehen, den Krieg, die Front, das Blutvergießen – aber, ob wir es tatsächlich verstanden haben?

Annas Augen schimmerten feucht und wissend, wenn sie davon sprach. Denn damals, im Kriegsjahr 1916, war sie wohl noch viel zu jung, viel zu unerfahren gewesen, um zu wissen, worauf es an jenem Weihnachtsfest wirklich ankam. Jenes Weihnachtsfest, das so wunderbar geplant und vorbereitet war, und für zwei Menschen, die sich liebten, doch so viel Bitternis und Herzweh brachte.

*

Yola Entz

Schokokrümel und „O du fröhliche …"

Wunderbar. Einfach wunderbar, dass der Ofen heute Abend nicht qualmte! Wie oft hatte dicker Rauch uns gezwungen, das Fenster aufzureißen, hustend und nach Atem ringend, nur um eisige Kälte herein zu lassen, die der alte Kanonenofen versuchte zu erwärmen. Ein nie endender Kreislauf: grünes Holz, beißender Rauch, eisige Kälte. Doch heute Abend konnte man sogar ohne Mantel um den alten wackeligen Tisch sitzen. Wir waren nur zu zweit, Mutter und ich. Noch ein Grund zum Feiern!

Meine Augen gingen durch den sechs mal drei Meter langen Raum. Mutter saß auf ihrem Bett am Fenster und ich auf einem der zwei Stühle am Tisch. Das gegenüber liegende Bett war leer. Unter dem Fenster der Ofen, dessen Rohr durch eine zerborstene und notdürftig wieder abgedichtete Scheibe nach draußen führte. Anschließend an die Betten ein Spind und dahinter zwei Stockbetten rechts und links von der Tür. Dieser Raum war vorübergehende Heimat für sechs Personen. Ein altes Ehepaar mit fremder Sprache, eine Mutter mit ihrer kleinen Tochter und wir beide. Die Zimmergenossen waren bei Landsleuten oder bei Bekannten an diesem Heiligen Abend in der ehemaligen Funk-Kaserne in München im Jahre 1946, sodass Mutter und ich ungestört Weihnachten feiern konnten.

Es würde unser letztes Weihnachten in Deutschland sein. Wir warteten in einem sogenannten „DP Camp" als „Displaced Persons" auf einen Neuanfang im fernen Amerika. Mit uns warteten hunderte von Flüchtlingen und Überlebende von KZs. Zerbrochenes Strandgut eines menschenverachtenden- und -vernichtenden Systems, vom Sturm an irgend ein rettendes Ufer gespült. Die Menschenwürde war beinahe allen schon längst durch demütigende und erniedrigende Behandlung vergessen gemacht worden. Mit gebrochenem Rückgrat schlurften sie in langen Reihen durch die Gänge der Kaserne, mal zum Entlausen („Arme hoch!" – ein paar Puffs aus der Läusepumpe –„Der Nächste!"), standen entblößt vor medizinischen Untersuchern oder hielten ihren Blechnapf hin zur Essensausgabe. In dieser Weihnachtswoche bestand die Tagesration aus je einer Kelle wässrigen salzigen Haferschleims morgens und abends und ein paar Pellkartoffeln und einer roten Rübe oder etwas anderem Gemüse zum Mittag.

Die UNRRA (United Nations Refugee and Relief Association, die UN-Flüchtlingskommission) hatte zwar Lebensmittel gespendet, doch diese verschwanden offenbar in Schwarzmarkt-Kanälen, ehe sie die ausgemergelten Menschen erreichen konnten. Und so kam zu der Kälte noch der Hunger.

Für das kleine Mädchen in unserem Raum gab es täglich etwas Pulvermilch und als außergewöhnliches Weihnachtsgeschenk ein winziges Eckchen Schokolade. Weil der Weg zur Essensausgabe über den weiten Kasernenhof führte, hatte mich die Mutter der Kleinen gebeten, auch ihre Rationen mit abzuholen – ohne von der Schokolade zu wissen.

Auf dem langen Weg zurück zu unserer erbärmlichen Unterkunft tobte ein Kampf in mir: *Beiß doch ein Stückchen ab, keiner wird es merken. So etwas Köstliches, das hast du all die Jahre nicht gehabt. Nur ein winziges Stückchen*! – Aber zuletzt hatte das Gewissen gesiegt. Wie zur Belohnung hatte das Stückchen durch die Wärme meiner Hand Spuren ihrer Schokoladensüße hinterlassen, die ich, nachdem ich der Kleinen ihre Schokolade gegeben hatte, gierig und voll Genuss langsam ableckte.

Noch trugen die Gesichter der Menschen Spuren des Grauens oder der Trauer, die durch Tränen nicht gelindert werden konnte. Auch das Miteinander hatte manchmal die scharfen Züge der Unterdrücker angenommen, die ihre Gewalt an den Wehrlosen brutal ausgelassen hatten. Wenn die arme Oma im Bett unter mir uns alle nachts wach hielt mit ihrem bellenden Husten, dann schaukelten meine Holzmatratze und der Strohsack mit der grauen Pferdedecke, die ich über die Ohren zog. Das ging immer eine ganze Weile – solange, bis von dem mürrischen Alten gegenüber Worte wie Peitschenhiebe die Arme verstummen ließen, und ich nur am Schaukeln des Bettgestells merkte, wie sie den Husten unterdrückte.

An diesem Nachmittag, den wir das Zimmer für uns hatten, kam Mutters Freundin in diese trostlosen Umgebung zu Besuch. Ein Tannenzweig und ein kleines Kerzlein auf dem Tisch sollten Weihnachtsstimmung verbreiten. Ich zündete die Kerze an, brach einen kleinen Zweig ab und hielt ihn in die Flamme.

„Musst du immer kokeln", tadelte Mutter. Der harzige Tannenduft der brennenden Nadeln erfüllte die Luft.

„Jetzt riecht es nach Weihnachten!", erwiderte ich und stand auf, um das graue Licht der einzigen Glühbirne auszuschalten. Die Kerze badete Mutters Gesicht in warmen Farben und ließ alles Erbärmliche um uns herum im Dunkel versinken.

„Jetzt mach doch mal das Geschenk auf, das sie mitgebracht hat", drängte ich.

Mutter nahm das kleine Päckchen und entfaltete das Papier. Zum Vorschein kamen einige Scheiben schweren dunklen Brotes. „Was ist in den zwei kleinen Päckchen?", fragte ich neugierig.

Vorsichtig öffnete Mutter das Erste. Es war ein kleines Stückchen Butter.

„Echte Butter!“, staunten wir beide. Dann öffnete sie das gefaltete zweite Päckchen. „Zucker!“, kam es ungläubig aus beider Munde.

Mit einem Messer bestrich Mutter zwei Scheiben Brot, nicht nur hauchdünn, sondern so, dass man das Brot darunter nicht mehr sehen konnte. Dann nahm sie den Zucker und streute ihn vorsichtig über beide Scheiben. Andächtig führten wir den ersten Bissen zum Mund. Es schmeckte köstlich. „Nein, so eine Weihnachtsüberraschung!“, sagte sie strahlend. Ich konnte nur kauend nicken. Dieser Gaumenfreude musste man sich ganz hingeben.

Nachdem das Brot gegessen war, schlug ich vor, ein Weihnachtslied zu singen. „Was können wir denn auswendig?“, fragte Mutter.

„Wie wär's mit O du fröhliche, o du selige …“

„Dann stimm mal an!“

Wie immer, wenn ich Sopran sang, fiel Mutter mit der zweiten Stimme ein. Es klang schön und harmonisch. Nach und nach wurde mir bewusst, was wir da sangen. „Welt ging verloren, Christ ist geboren …“ – Verlorene Welt! Ja, in dieser Welt der Verlorenen lebten wir. Unter verlorenen Menschen. Mit verlorenen Jahren, verlorener Heimat, verlorenem Besitz, verlorenen Beziehungen, verlorenen Freunden, Kindern, Müttern, Vätern – verlorenem Glauben.

„Christ ist geboren, freue, freue dich, o Christenheit.“ Mit Inbrunst sangen wir die Worte dieser Freudenbotschaft, und sie erwärmte unser Herz. Nicht die Umgebung, nicht die Umstände waren entscheidend, sondern die Botschaft der Freundlichkeit Gottes, der den Erlöser in diese dunkle Welt gesandt hat. Die Botschaft der Versöhnung und der Erlösung, die ohne das gewohnte traditionelle Drumherum so klar und deutlich zu uns sprach, machte diesen Heiligen Abend zu einem unvergesslichen Erlebnis. Es war, als würden wir mit unserem Gesang herausgeholt aus der erbärmlichen Wirklichkeit und eingestimmt auf den Freudenchor der Engel, die von der Hoffnung, der Nähe und der Liebe Gottes sangen:

„Christ ist erschienen, uns zu versühnen, freue, freue dich, o Christenheit."

*

Annette Döbrich

Lichter am Nachthimmel

„*Wunderbar, einfach wunderbar,* fast so prachtvoll wie bei Onkel James.“ Barbara, die sich seit ihrem Besuch in Denver Babs nannte, fiel ihrem Großvater um den Hals, drehte ihn mit dem Rücken zur Schrebergartensiedlung, sodass sie den alten Mann gleichzeitig liebkosen und die zahllosen Glühbirnchen bestaunen konnte, die die Konturen des Holzhauses nachzeichneten. Es schien zu schweben.

Na, na, na, der alte Herr wischte sich mit den Schneeflocken gleich einige Tränen aus dem Gesicht und brachte seine Lieblings-Enkelin wieder auf Abstand.

„Eine Spinnerei ist das, eine amerikanische, die zudem eine Menge Geld kostet.“ Er grantelte. „Außerdem ist die Feuchtigkeit Gift für die Kontakte.“ Dabei sah er skeptisch in das Schneetreiben, das zunehmend dichter wurde. Wenige Sekunden später lag das Gartenhaus wieder im Dunkeln.

„Es gibt keine Wunder.“ Heinrich Mahler sagte es ganz leise, ganz sanft und beugte sich zu Mechthilds Ohr. So, als spräche er mit einer Kranken, Verwirrten, der man etwas Unangenehmes nahe bringen muss und bei der er versuchte, die Schärfe der Fakten durch die Tonlage etwas zu nivellieren. „Und deshalb gibt es auch kein Zurück mehr und keinen Neuanfang und keine Diskussion.“ Bei den letzten drei Wörtern wechselte seine Stimme ins Stakkato und sein Oberkörper richtete sich wieder auf. Er ging zum Fenster und zog das Rollo hoch. Er stöhnte. „Seit dreißig Jahren das gleiche Bild. Schrebergärten, Schuppen, Mief“. Seine Stimme klang angewidert. Er öffnete die Fensterflügel. Das dünne Eis auf den Scheiben tropfte auf den Boden. Schnee-

flocken tanzten in den Raum. „Das ist die Realität, hier wie draußen: dunkel, nass, erdschwer.“

„Heute ist Weihnachten, Heinrich.“ Mechthild zog ihre Strickjacke enger um die Schultern.

Sie war weder krank noch irre. Sie war alt geworden an seiner Seite, genau sechsundfünfzig Jahre und etwas füllig, und ihre Haare wurden von grauen Strähnen durchzogen. Mehr nicht.

„Na und?“

„Es ist ..., da gab es einen Stern, der leuchtete und hat den Weg gewiesen ... und zog am Himmel ...“

„Und du wartest jetzt auch darauf, dass etwas leuchtet und vorbeizieht. Diese Schuppen vielleicht?!“

„Ohhh“, Babs war die Enttäuschung ins Gesicht geschrieben, als der Zauber plötzlich vorbei war.

„Na, wunderbar“, den Großvater schüttelte es vor Kälte. „Ein Kurzschluss.“

„Und jetzt?“

„Ich muss die undichte Stelle finden, weiter nichts. Bei viertausend Birnchen braucht man dazu Glück oder Intuition.“

„Ach bitte, versuch es, ich möchte ein Foto machen, für Onkel James“.

Der Großvater ging zurück in das Gartenhaus und tastete nach einer Taschenlampe. Dabei versuchte er nicht daran zu denken, dass er jetzt ebenso bei einem Glas Glühwein in der warmen Stube sitzen könnte. „Möchte wissen, wozu das gut ist“, brummte er.

Heinrich holte den kleinen Koffer aus der Abstellkammer und packte Wäsche und Hemden ein, die Hemden, die Mechthild am Abend vorher gebügelt hatte. Einen kurzen Moment spürte sie den Reflex, ihm die Hemden aus der Hand zu nehmen und sie für ihn zu falten, doch dann ließ sie es bleiben. Heinrich ging.

Sie stand auf und schloss das Fenster.

Mechthild sah ihn auf dem Fußweg. Er drehte sich nicht um. In diesem Moment erstrahlte eines der Häuschen im Licht tausender kleiner Glühlampen. Sie schienen das alte Gemäuer zu tragen, hochzuheben zwischen den wirbelnden Flocken, hinauf in neue Höhen.

„Dreh dich um, Heinrich", rief sie, „sie fliegen wirklich."

Doch Heinrich hörte sie nicht. Das Fenster war zu, und er war zu weit weg.

„Wie wunderbar," flüsterte Mechthild und lehnte sich mit der Stirn gegen das kalte Glas. Es tat ihr gut.

*

Albrecht Gralle

Die Schwester des verlorenen Sohnes beschwert sich bei ihrem Vater

Wunderbar. Einfach wunderbar, dieses grandiose Fest! Sicher, viele haben sich gefreut. Aber was hast du dir eigentlich dabei gedacht, Vater? Sieht so deine Liebe aus? Das darf doch wohl nicht wahr sein!

Man muss also nur weggehen, unter die Räder kommen und Schweinefraß fressen, dann wird man von dir zum Schluss herzlich umarmt. Das Normale liegt dir wohl nicht, was? Schau dir doch nur mal deinen ältesten Sohn an, wie geknickt und verletzt er ist, seit sein jüngster Bruder so übertrieben freundlich gefunden und aufgenommen wurde. Seine ganzen Wertvorstellungen sind durcheinander geraten!

Liebe kann man nicht in Gesetzmäßigkeiten pressen. Ich freute mich, dass er zurückkam. Das war alles. Du weißt nicht, wie es ist, jahrelang zu warten.

Ich weiß es nicht?! Meinst du, ich hätte nicht auf meinen kleinen Bruder gewartet?

Aber du weißt nicht, wie ein Vater wartet. Du hast nicht bei seiner Geburt um ihn gebangt. Du hast nicht an seinem Krankenbett gesessen ...

Gut. Kann schon sein. Aber du hättest ihn nicht so demonstrativ in aller Öffentlichkeit umarmen dürfen, weißt du. Du hättest nach außen streng sein müssen, und im Haus hättest du ja deinen Gefühlen freien Raum lassen können. Aber dieser übertriebene Wirbel mit dem Kleid und dem Ring und dem Fest. So sah es für alle aus, als würde man belohnt, wenn man ausreißt und das Geld nur so verprasst. Diese Übertreibungen!

Meine Liebe ist innen und außen gleich. Ich kann sie nicht verstellen. Sie ist heftiger, als du ahnst und kann nicht gebremst werden. Göttliche Liebe ist stark. Sie geht immer bis zum Äußersten.

Wahrscheinlich wärst du sogar für ihn gestorben ...

Natürlich. Genauso wie für dich. Oder für meinen Ältesten.

Oh, Vater, es ist schwer, mit so einer besonderen Liebe Tag für Tag zu leben. Mein älterer Bruder hat es nicht geschafft. Er dachte, du liebst ihn nicht, weil er nichts spürte. Er hat jetzt den Eindruck, man muss verloren gehen, um geliebt zu werden.

Aber er ist doch schon verloren gegangen und weiß es nicht. Das ist das Schlimmste.

Verloren?

Ja, weil er denkt, er müsste sich meine Liebe verdienen. Und wer so denkt, verliert sich früher oder später in der Wüste der Einsamkeit.

Und stimmt es denn nicht?

Er hat deine Liebe nie so gespürt wie dein Jüngster und wollte dir alles recht machen.

Er wollte meine Liebe nie richtig spüren ... weil er dachte, er brauche sie nicht. Sie kam ihm zu stark und fast unheimlich vor. Erst jetzt, als sein kleiner Bruder so empfangen wurde, merkt er, wie wichtig für ihn meine Liebe ist.

Aber was soll er jetzt tun?

Wenn er nicht einsieht, dass er sie braucht, wird er sie niemals finden.

*

Hanno Herzler

Adon kommt zurück

Wunderbar. Einfach wunderbar, dass Adon zurückkommen würde! Er war auf einer jahrelangen Auslandsreise gewesen. Kaspar hatte das Gefühl, dass die Rückkehr seines Freundes das Leben wieder voller, reifer, zufriedener machen könnte. Zugleich aber schlug sein Herz ein wenig banger; denn er wusste: Zu wem Adon kam, der blieb nicht so, wie er war. Adon, der äußerlich Unauffällige mit dem Tiefenblick – er scheute sich nicht, unangenehme Themen anzusprechen.

Kaspar versuchte sich vergeblich einzureden, dass er eigentlich keinen Grund habe, der Wiederkehr des Freundes ängstlich entgegen zu blicken. Er hatte – wenn auch bescheidene – Erfolge aufzuweisen; allerdings mehr beruflich als privat. Dabei war er doch immer noch – oder war er es sogar immer mehr geworden? – der gut gelaunte Kumpel, der es auf jeder Party schaffte, die Lacher auf seine Seite zu bringen. Schwer zu sagen, warum sich Kaspar gelegentlich – oder immer häufiger? – heimlich einsam fühlte. Diese Gefühle vertrieb er rasch durch neue Geselligkeiten, auf denen er sich unbekümmerter denn je gab.

Aber neulich, als einer seiner Kumpels ein Video vom letzten Treffen vorführte – hatte da auf dem Band Kaspars Lachen nicht irgendwie hohl geklungen? Zumindest für ihn selbst. Er war jedenfalls erschrocken.

Genau betrachtet, waren es diese unbehaglichen Gefühle, die ihn der Begegnung mit Adon zwiespältigen Mutes entgegenblicken ließen. Kaspar wusste, dass Adon solche Empfindungen schwerlich auf sich beruhen lassen würde.

Und die Art, wie er, Kaspar, damit umging, würde vielleicht gar die Kritik des Freundes nach sich ziehen. Ein Unbehagen überspielen? Da machte Adon nicht mit, nicht Adon.

So sah sich Kaspar mit Beklemmung erfüllt, mit Widerstreben – und zugleich mit einer undeutlichen Hoffnung, es möchte alles anders werden.

Am 24. sollte Adon ankommen. Abends.

Konnte Kaspar ihm nicht irgendwie ausweichen? Eine Krankheit vorschützen? Oder einfach jemand anderen zur Abholung an den Bahnhof schicken? Nein: Adons Brief hatte keinen Zweifel daran gelassen, dass er nur zu ihm kommen und bei ihm wohnen wollte: bei Kaspar.

Es gibt Dinge im Leben, die lassen sich weder durch Grübeln noch durch Ausweichen lösen; sondern nur, indem man sie erlebt. Und so stand Kaspar freudig erregt und doch ein wenig hohl am Abend des 24. am Bahnhof. Dumm, dass der Zug auch noch Verspätung hatte.

Endlich fuhr er ein. Reisende stiegen aus, und Kaspar versuchte an irgendeiner der vielen Türen, die sich öffneten, seinen Freund zu erspähen. Umsonst. Adon stand plötzlich vor ihm. Ein kurzer Blick – und dann die Umarmung. Während sie sich umarmten, schossen Kaspar so viele Gedanken durch den Kopf, so viele Gefühle durch den Bauch, dass er wieder einmal sicher war, Momente der Umarmung entfalteten Gefühle intensiver als andere.

Adon sah irgendwie zarter aus; reifer, weicher, sensibler, aber auch angegriffener. „Was für ein Trottel ich doch war", schoss es Kaspar durch den Kopf. „Die ganze Zeit habe ich mir nur um mich selbst Sorgen gemacht – und Adons Besuch eigentlich gar nicht gescheit vorbereitet."

Adons freundlicher, fragender Blick strahlte Geduld aus.

„Lass uns was essen gehen", schlug Kaspar vor.

Während sie auf ihre Menüs warteten, berichtete Adon, wie es ihm ergangen war. Und Kaspar hörte zu, hörte einfach nur zu. Was für eine wohltuende, reife Persönlichkeit Adon war! Nicht ohne Macken, Schrammen und Wunden – aber gerade dadurch unergründlich hilfreich.

Und es geschah, während er zuhörte, dass sich für Kaspar eine Frage nach der anderen klärte, Fragen, die er in den vergangenen Wochen vergeblich überhaupt zu formulieren versucht hatte, lichteten sich allmählich – und das genügte schon. Er hatte mehr denn je das Gefühl, dass jede Frage, klar gestellt, schon den Samen ihrer Antwort in sich trug.

„Und wie geht es dir?“, fragte Adon beim Nachtisch.

„Ach“, begann Kaspar, und es machte ihm nichts mehr aus, dass das mehr wie ein Seufzer klang, „du weißt ja: immer fröhlich, immer gut gelaunt ...! Ich will sie immer beeindrucken. Ich wünsche mir, dass alle über mich lachen ...“

„Warum eigentlich?“ hakte Adon nach. Seine Stimme klang warm.

„Tja, ich weiß nicht – vielleicht will ich damit ihrem Spott zuvorkommen!“ Und leiser fügte er hinzu: „Und mehr noch ihrer Kritik.“

Adon schenkte ihm einen mitfühlenden Blick. In der Tat sah Kaspar bedauernswert aus, gerade jetzt. Adon streckte sich und berührte sanft den Arm seines Gegenübers. „Wenn du magst, kann das jetzt vorbei sein, du Lieber. Jetzt bin ich ja da.“ Er blinzelte. „Was meinst du – wäre das nicht ein guter Anlass, ein neues Kapitel in deinem Leben zu beginnen?“

„Große Worte ...!“ Kaspar versuchte, verdutzt auszuschauen. Doch Adon fuhr ganz ernsthaft fort: „Vielleicht könntest du dich ab jetzt anders nennen. Hast du nicht noch einen zweiten Namen? Von der Taufe her? Einen, der für ein ernst zu nehmendes Leben besser geeignet ist?“

„Do... doch ja, den hab ich.“

„Und wie?“

„August! Ich heiße Kaspar August! Ob der wirklich besser ...?“

Jetzt musste auch Adon lachen, und sie lachten beide, bis ihnen die Tränen kamen. Dieses Lachen kam aus der Tiefe, war ehrlich und spülte Schlacken und Frust aus Monaten der Verkrümmung nach oben.

*

Hanna Ahrens

Der Tag nach Weihnachten

Eine Geschichte in Reimen

Wunderbar, einfach wunderbar
war das ganze Jahr –
voll Segen und Glück,
ein rundes Stück.
Aber das Beste
wie immer – : das Weihnachtsfeste!

Für jeden gab's den bunten Teller
(jeder isst, so viel er kann,
zuallererst das Marzipan)
Wein und Wasser aus dem Keller.
Auch Rotkohl und Pute,
gebraten, die gute.

Angereist waren sie alle,
Kinder und Enkel, in jedem Falle:
Aus Frankfurt zum Beispiel kam Susanne
mit Jörg, dem angetrauten Manne
und den Zwillingen im Bauch,
die kamen auch.

Mit ihnen waren wir zwölf,
manchmal nur elf,
denn Onkel Peter
war das Gezeter,
das Lachen und Spiel,

schlicht manchmal zu viel.
Er – zweiundsiebzig Jahr –
fand es ganz *wunderbar*
ab und zu
in großer Ruh
mit dem Hund spazierenzugehn.
„*Wunderschön!*“

Draußen war – wie jeder weiß –
überall spiegelglatt‘ Eis.
Der Wunsch: „Guten Rutsch!“
war damit futsch.
Das wagte keiner dem andern zu sagen
in diesen Tagen,
stattdessen rief man lieber:
„Komm gut rüber!“

Der Enkel Paul, ein frecher Bengel,
im Krippenspiel jedoch: ein Engel,
sang: „Soli Deo Gloria“.
Er sang so schön und sang so klar,
dass den Alten die Tränen kamen
und im Herzen dann ein „Amen“.

Klein-Philipp, des Lateinischen nicht mächtig,
im Singen aber sonst ganz prächtig,
nahm eine Kerze in die Hände
und sang ohne Ende:
„Ehre sei Gott in der Höhe“
„... aber wehe, Paul,
wenn du mir mein Werkzeug klaust,
und dir dann damit Häuser baust ...“
„Tu ich ja gar nicht! Schimpf doch nicht immer!“
„Wer ist der Schönste im ganzen Zimmer?“,

rief jetzt der große Tannenbaum.
„Ja, du bist es, man glaubt es kaum,
noch schöner als im letzten Jahr –
wunderbar!“

Wir haben gesungen, gespielt, gelacht,
es hat allen so viel Spaß gemacht.
Wir waren schließlich müde und heiser,
aber am nächsten Tag dann nicht viel leiser.
Und das Kind in der Krippe sah zu –
in stiller Ruh.
Manchmal schien's, es lächelte auch,
über diesen Brauch
für Herz, Seel‘ und Magen
und schien uns zu sagen:
„Wie schön, ihr Lieben, dass ihr euch freut,
es ist ja schließlich Weihnachten heut‘!
Und wenn euer großes Fest ist vorbei
und die ganz alltägliche Plackerei
wieder vor euch steht,
bin ich es, der dann mit euch geht.“

Nun sind zum Glück
alle wieder zurück:
in Frankfurt und in Sieverstedt,
oder wo es sonst hingeht,
in Reinbek und in Altona(r)
– auch: *wunderbar!*

*

Die Original-Weihnachtsgeschichte

Aufgezeichnet von Lukas, dem Arzt

(Lukasevangelium, Kapitel 2, nach der Übersetzung „Hoffnung für alle“)

In dieser Zeit befahl Kaiser Augustus, alle Bewohner des Römischen Reiches in Listen einzutragen. Eine solche Volkszählung hatte es noch nie gegeben. Sie wurde durchgeführt, als Quirinius Statthalter in Syrien war. Jeder musste in seine Heimatstadt gehen, um sich dort eintragen zu lassen.

So reiste Josef von Nazareth in Galiläa nach Bethlehem in Judäa. Denn er war ein Nachkomme Davids und in Bethlehem geboren. Josef musste sich dort einschreiben lassen zusammen mit seiner Verlobten Maria, die ein Kind erwartete.

In Bethlehem kam für Maria die Stunde der Geburt. Sie brachte ihr erstes Kind, einen Sohn, zur Welt. Sie wickelte ihn in Windeln und legte ihn in eine Futterkrippe im Stall, denn im Gasthaus hatten sie keinen Platz bekommen.

In dieser Nacht bewachten draußen auf dem Feld einige Hirten ihre Herden. Plötzlich trat ein Engel Gottes zu ihnen, und Gottes Licht umstrahlte sie. Die Hirten erschraken sehr, aber der Engel sagte: „Fürchtet euch nicht! Ich verkünde euch eine Botschaft, die das ganze Volk mit großer Freude erfüllt: Heute ist für euch in der Stadt, in der schon David geboren wurde, der lang ersehnte Retter zur Welt gekommen. Es ist Christus, der Herr. Und daran werdet ihr ihn erkennen: Das Kind liegt, in Windeln gewickelt, in einer Futterkrippe!“

Auf einmal waren sie von unzähligen Engeln umgeben,

die Gott lobten: „Ehre sei Gott im Himmel! Denn er bringt der Welt Frieden und wendet sich den Menschen in Liebe zu.“

Nachdem die Engel in den Himmel zurückgekehrt waren, beschlossen die Hirten: „Kommt, wir gehen nach Bethlehem. Wir wollen sehen, was dort geschehen ist und was der Herr uns verkünden ließ.“

Sie machten sich sofort auf den Weg und fanden Maria und Josef und das Kind, das in der Futterkrippe lag. Als sie es sahen, erzählten die Hirten, was ihnen der Engel über das Kind gesagt hatte. Und alle, die ihren Bericht hörten, waren darüber sehr erstaunt. Maria aber merkte sich jedes Wort und dachte immer wieder darüber nach.

Weihnachtliche Grüße

Vierfarbige Grußkarten mit Umschlag und dem Text einer Kurzgeschichte aus dem vorliegenden Buch plus einer Mini-CD mit der Weihnachtsgeschichte nach dem Lukasevangelium. Gelesen von Andreas Malessa

Weihnachtliche Grüße mit Mini-CD und dem Text der
Kurzgeschichte von Manfred Siebald
Bestell-Nr. 3-7655-8616-1

Weihnachtliche Grüße mit Mini-CD und dem Text der
Kurzgeschichte von Albrecht Gralle
Bestell-Nr. 3-7655-8617-X

Weihnachtliche Grüße mit Mini-CD und dem Text der
Kurzgeschichte von Andreas Malessa
Bestell-Nr. 3-7655-8618-1

BRUNNEN VERLAG GIESSEN
www.brunnen-verlag.de

Sie können gewinnen:

Welche drei weihnachtlichen Geschichten in diesem Buch haben Ihnen am besten gefallen? – Mailen Sie uns (info@Brunnen-Verlag.de). Oder schicken Sie eine Kopie dieser Seite an:

BRUNNEN VERLAG
Lektorat
Postfach 10 01 43
D 35331 Gießen

info@Brunnen-Verlag.de; Fax +641/6059100

Unter den Einsendern verlosen wir 20 Bücher bzw. Musik-CDs des BRUNNEN VERLAGS aus der aktuellen Produktion. Einsendeschluss ist der 6. Januar 2004.

Meine 3 Lieblingsgeschichten (Autor und Titel):

1. ....

2. ....

3. ....

Wenn ich gewinne, hätte ich gerne
☐ ein Buch / ☐ eine Musik-CD

Name:

Straße:

Ort mit PLZ:

Verraten Sie uns Ihr Alter? ______

Ihre E-Mail-Adresse (falls vorhanden):